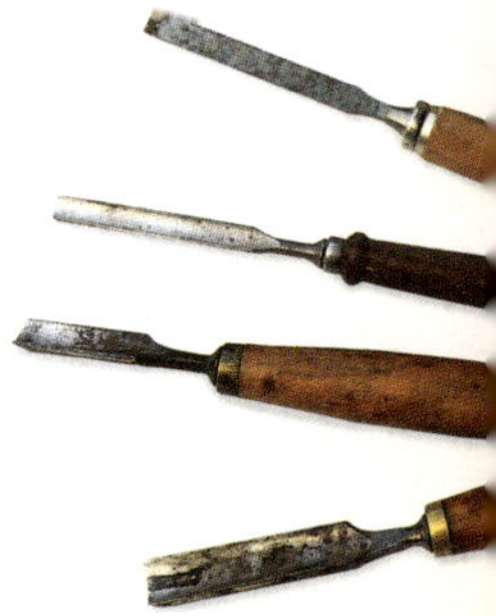

Pratici & Utili

Idee per RIPARARE e DECORARE i mobili

Testi: Redazione Gribaudo

Collaborazione redazionale: Anna Zorzanello

Fotografia di copertina: ICP online

Fotografie interne: Massimo Bottura (p. 71), Alessandro Branca (pp. 53, 55, 63, 65-69, 73, 75-77, 81, 83), ICP online (p. 28), Marzia Malli (pp. 48-49, 78, 85-87), Anna Re - Stamperia by Box (pp. 5, 50, 56-61, 79, 88-94), Rossella Zucchi (pp. 4, 8-14, 16-21, 23-24, 26, 29-47)

Redazione Edizioni Gribaudo
Via Strà 167, Colognola ai Colli (VR)
tel. 045 6152479 fax 045 6152440
e-mail: redazione@gribaudo.it

Coordinamento editoriale: Franco Busti, Paola Morelli

Responsabile redazionale: Laura Rapelli

Responsabile grafico: Monica Priante

Prestampa: Federico Cavallon

Segreteria di redazione: Sara Sorio

Stampa: Grafiche Busti srl (Colognola ai Colli - VR)

Reg. Domini - S.S. 30 km 40, Terzo (AL)
tel. 0144 594374 fax 0144 594288
e-mail: info@gribaudo.it

Prima edizione 2008 [4(E)] 978-88-7906-600-6

Idee per riparare e decorare i mobili

GRIBAUDO

Dare nuova vita ai mobili

Un tavolino dimenticato in soffitta, la credenza malconcia della nonna, un vecchio cassettone trovato in qualche mercatino possono diventare mobili pregiati grazie al vostro intervento: scoprite come fare.

Un mobile vecchio, o antico, esercita sempre un fascino particolare. Curare, riparare e decorare una sedia, un tavolino, un armadietto trovati abbandonati in soffitta o acquistati dal rigattiere e utilizzarli per impreziosire un angolo della propria casa può diventare un piacevole hobby in grado di regalare soddisfazioni profonde. Per lavorare il legno, un materiale vivo, è però necessario conoscerne le esigenze, in modo da praticare interventi efficaci e duraturi. Questa guida intende essere un aiuto per chi non ha particolare esperienza e desidera iniziare a recuperare e rinnovare i vecchi mobili con le proprie mani.

AVVERTENZE !

Le valutazioni relative al **grado di difficoltà** considerano tutte le operazioni necessarie a ottenere il recupero del mobile o a completarne la decorazione.

Riparare i mobili

Eseguire i più comuni interventi per riportare un vecchio mobile al suo antico splendore e per poterlo ammirare nella propria casa è un lavoro che, molto spesso, chi non è esperto di falegnameria ritiene, a torto, di non essere in grado di fare.

In questa guida troverete i più importanti procedimenti per riparare personalmente i mobili e per effettuare una corretta manutenzione, insieme a svariati consigli e indicazioni pratiche. Ciascun intervento è stato suddiviso in singole operazioni, da eseguire passo dopo passo, corredate da foto e immagini esplicative.

Imparerete dapprima come cercare e scegliere i mobili, con suggerimenti per valutarne l'età, le condizioni e per riconoscerne caratteristiche e materiali. Scoprirete poi come organizzare il luogo di lavoro e procurarvi le attrezzature che vi servono, tenendo sempre presenti le regole per lavorare in totale sicurezza. Seguono i procedimenti specifici di riparazione e manutenzione come, per esempio, i metodi per eliminare i tarli, per foderare i cassetti o per integrare una gamba mancante.

Non mancano, infine, i consigli per occuparsi dei mobili dopo averli riparati: scoprirete dove è meglio posizionarli e come tenerli puliti senza danneggiarli.

Dove trovare i mobili vecchi

Se il vostro hobby è quello di recuperare e rimettere "a nuovo" i mobili vecchi, caduti in disuso, vi potrete divertire anche a cercarli in qualche garage, soffitta o ripostiglio dove sono stati dimenticati oppure, una domenica o nei giorni stabiliti, potrete recarvi ai mercatini dell'usato e dell'antiquariato, rionali o anche cittadini, dove potrete acquistarli senza spendere troppo.
Con pazienza e attenzione riuscirete a trovare quello che fa al caso vostro.

IN GARAGE O IN SOFFITTA

Durante lo sgombero di un garage o di una soffitta, magari proprio quella della nonna, è facile scoprire un vecchio cassettone, una ribaltina o un tavolino non utilizzati da anni.
La scoperta può indurvi a sistemarli e a riparare le parti danneggiate.
Una volta aggiustato e lucidato, quel mobile potrebbe essere perfetto per il salotto o per la camera da letto. Non è detto, inoltre, che non possa capitare di scoprire un originale dell'Ottocento o, meglio ancora, del Settecento.
Vi conviene, perciò, armarvi di pazienza e andare a perlustrare ogni ripostiglio, anche quelli dei vostri amici, ai quali potrete fare un bel regalo, magari ripristinando per loro un vecchio mobile ereditato da qualche parente.

Antico o vecchio?

Quando un mobile è vecchio e quando, invece, è antico? Non esiste un criterio universale e inconfutabile per dare a questi due termini un significato pratico distinto. Genericamente, si tende a considerare vecchio tutto ciò che è stato prodotto negli ultimi cento anni e antico quanto è antecedente all'ultimo secolo.

Il termine "vecchio", però, non ha una connotazione dispregiativa. Una credenzina "della nonna", per esempio, può essere graziosa e preziosa quanto e più di un mobile datato molti anni prima ma, magari, di fattura meno pregiata o di gusto più lontano dal vostro.

NEI MERCATINI

Non tutti gli appassionati di antichità hanno la fortuna di avere una soffitta piena di mobili lasciati da qualche parente.

Una grande risorsa sono le botteghe dei rigattieri e i mercatini dell'antiquariato, che si organizzano nelle piazze di città e paesi. In entrambi i casi, è possibile trovare un pezzo di buongusto e a buon prezzo, quanto un mobile sensazionale o, purtroppo, un altrettanto sensazionale... falso. Una figura di riferimento è l'antiquario che spesso, oltre ad avere un negozio magari con laboratorio annesso, partecipa anche ai mercatini.

Una raccomandazione è quella di non limitarsi a guardare solo l'esterno del mobile. Osservate il retro alla ricerca di "pezze" realizzate con legni nuovi o diversi da quelli originari, controllate le componenti metalliche, accertandovi che non siano di fattura moderna (se sono vecchie hanno aspetto irregolare).

Se le parti del mobile denotano regolarità di taglio e disegno, è un segnale che non è poi così "vecchio". la lavorazione artigianale, infatti, è irregolare per definizione. Valutate criticamente l'interno di cassetti e sportelli, gli incastri e i ripiani, alla ricerca di disarmonie o modernismi.

Altrettanto rivelatori sono i vetri: quelli antichi venivano soffiati artigianalmente e presentavano piccole imperfezioni.

I mercatini rappresentano una preziosa opportunità per chi cerca pezzi integrativi e piccoli, mentre è più facile trovare mobili interi nelle sedi di vendita fisse. Determinante è anche il rivenditore al quale vi rivolgete: deve infatti essere un professionista affidabile e garantire sulla provenienza dell'oggetto che vi interessa.

RICONOSCERE IL LEGNO

Quando si trova o si acquista un mobile vecchio, è importante saper riconoscere con quale tipo di legno è stato realizzato. Riportiamo quindi di seguito una breve descrizione delle principali essenze, in modo da conoscerne le diverse caratteristiche.

Abete: disponibile nelle varietà bianca o rossa, è il tipico legno dolce adoperato per mobili d'arte povera. Oltre a essere ricco di nodi, si scheggia con facilità ed è molto poroso.

Ciliegio: legno pregiato e dunque costoso, è facile da lavorare; deve essere trattato con gommalacca o cera d'api.

Ebano: è il legno duro e nero per eccellenza. Poiché è, da sempre, anche molto costoso, in tempi andati e ancor oggi è sostituito da finto ebano, ottenuto impregnando legni di melo, di pero o di sicomoro con speciali coloranti neri che si chiamano aniline. L'ebano deve essere trattato con olio di oliva per mantenerne la lucentezza.

Frassino: è un legno versatile, che coniuga la proprietà di essere duro e robusto a quella di essere malleabile. Il legno nuovo ha un colore significativamente diverso, solitamente più scuro, da quello stagionato: per effettuare aggiunte o riparazioni sarà dunque necessario trovare un pezzo coevo al mobile.

Mogano: ha un colore rossastro spiccato e facilmente riconoscibile. Si tratta di un legno molto pregiato e resistente. Ne esistono diverse varietà,

abete

ebano

mogano

che condividono però le stesse caratteristiche.

Noce: legno duro, è però duttile alla lavorazione, anche se per il suo costo elevato viene più spesso adoperato per la sola impiallacciatura. È difficile da incollare e tende a staccarsi dai legni ai quali viene unito. I mobili antichi in noce vanno trattati con gommalacca o cera d'api, per proteggerli dall'azione del tempo e dall'umidità.

Olivo: è un legno pregiato, non solo per la particolarità delle sue venature e per l'originalità del suo colore naturale, ma anche perché mantiene a lungo la sua aromaticità.

Pero: molto simile al legno di melo, però più facile da lavorare, si impiega in particolare per l'imitazione dell'ebano.

Rovere: è un legno duro e robusto che offre una buona resistenza all'urto. Essendo tuttavia poroso, richiede ripetuti trattamenti con gommalacca o cera d'api.

Tek: Si tratta di un legno caratterizzato da pesanti venature, nelle quali si trova una sostanza speciale che si chiama fosfato di calce e che contribuisce a renderlo particolarmente resistente. Per questa peculiarità, assieme alla durezza e alla pesantezza, è un legno assai difficile da tagliare e da lavorare. Uno dei suoi maggiori pregi è dovuto alla sua impermeabilità all'acqua. Dal tek si estrae un olio ampiamente impiegato per lucidare e impermeabilizzare i mobili.

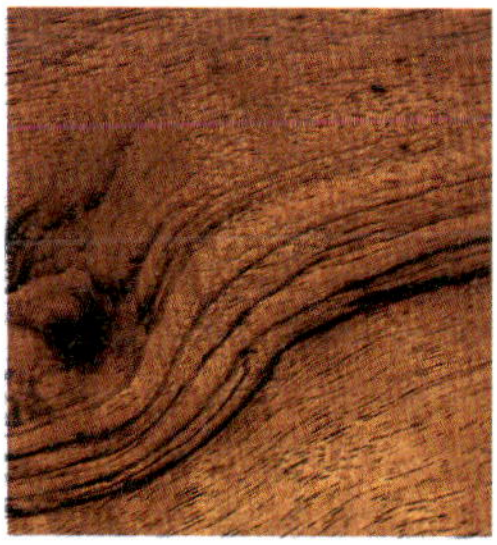

noce

pero

rovere

I mobili vecchi nell'arredamento di casa

Un pezzo vecchio, a maggior ragione se si tratta di un mobile antico, inserito nell'arredamento trasmette sempre un tocco di classe alla casa e viene esibito con giustificato orgoglio da chi lo ha scelto.
Assodato che il gusto personale e la disponibilità economica sono gli unici due vincoli imprescindibili che possono condizionare un acquisto, resta da valutare nel suo insieme l'ambiente in cui il mobile dovrà essere collocato, valutando i colori predominanti dell'ambiente, le dimensioni della stanza e lo stile di eventuali altri mobili già presenti.

■ *In generale, i contrasti troppo bruschi – per esempio tra un arredamento sobrio e lineare e una ribaltina rococò – non soddisfano l'occhio.*
Allo stesso modo dovrebbe essere osservata una certa armonia tra le dimensioni della stanza e le proporzioni del mobile. Seguendo la stessa linea di principio, il pezzo "storico" scelto deve essere attorniato da arredi che per colore, dimensione e stile non se ne discostino in maniera troppo evidente.
■ *Per riuscire a ottenere un insieme gradevole, non è nemmeno escluso che l'impostazione della stanza possa essere studiata successivamente all'acquisto dell'elemento di antiquariato.*

Cassettone del XVII secolo realizzato con noce e radica di noce, a tre cassetti e con mensole laterali.

Quando ponete in casa un mobile vecchio o antico, sarebbe opportuno conoscere a quale epoca appartiene e, di conseguenza, sotto quale stile rientra. La cosa migliore da fare è consultare un esperto, ma potete farvi un'idea dei principali stili. Un cassettone con intagli laterali, impiallacciature con legni diversi, colonne tornite, volute e incastonature può risalire al XVII secolo ed essere barocco; una ribaltina decorata con intarsi e caratterizzata da gambe realizzate seguendo una dolce linea curva può appartenere allo stile Rococò (1740-1775); una poltroncina dalle linee pulite e armoniose, con gambe diritte potrebbe essere neoclassica (seconda metà del XVIII secolo); una credenza con colonnine e una leggera curvatura dei piedini si riconduce allo stile Liberty (1880-1920).

Credenza liberty impiallacciata in noce. Mancano qui le linee dolci della decorazione floreale, ma sono caratteristiche dell'epoca la leggera curvatura dei piedi e delle colonnine, oltre alla complessiva "morbidezza" dell'insieme.

Ribaltina in noce in stile Rococò (XVIII secolo), tutta decorata con intarsi.

Organizzare il lavoro

Sapersi organizzare è fondamentale per poter operare in tranquillità; è indispensabile, quindi, crearsi una postazione di lavoro dove poter sistemare i vari materiali e strumenti in modo ordinato e funzionale. Prima di iniziare a mettere le mani sùl mobile da recuperare, è inoltre buona cosa verificare e studiare il suo stato, per poter intervenire con sicurezza, senza azzardare rattoppi o interventi inopportuni.

LA POSTAZIONE

Gli utensili necessari a svolgere le operazioni di riparazione sono più o meno i medesimi di cui si avvale un falegname. Oltre a quelli di seguito elencati, possono tornare utili anche il goniometro (per la misurazione degli angoli), le squadre e il compasso (compreso quello per interni-esterni, adatto alla misurazione tanto delle circonferenze quanto degli spessori).
È importante, infine, che sia sempre disponibile una matita, del tipo da muratore: rettangolare e oblunga, facile da acuminare con gli strumenti da taglio (sempre presenti in un luogo di lavoro).
Tutta l'attrezzatura richiede una regolare manutenzione per conservarsi in buono stato. Bisogna anche che sia riposta sempre in ordine: le rastrelliere portattrezzi, le scansie e gli armadi ben organizzati faranno risparmiare tempo e fatica durante lo svolgimento del lavoro

e ridurranno anche il rischio di piccoli e grandi incidenti.

■ L'ambiente di lavoro deve essere sempre tenuto in ordine e ripulito da trucioli e segatura tra una lavorazione e l'altra. Utilizzate preferibilmente armadi chiusi per riporre i vostri abiti da lavoro e le attrezzature che rischiano di essere danneggiate da polvere e umidità. Fate in modo che, anche quando non la si utilizza, la temperatura della stanza non si abbassi mai sotto i 13-15 °C.

VERIFICARE LO STATO DEL MOBILE

Come ogni lavoro, anche la riparazione dei mobili, per essere efficace, richiede che la fase esecutiva sia preceduta da un'attenta valutazione, come anche da una programmazione accurata degli interventi necessari. Ecco, quindi, come procedere per provvedere a un intervento graduale e ben organizzato.

■ Innanzitutto fate un'ispezione del mobile, per stabilire se e quali parti mancano e per verificare lo stato di conservazione delle parti integre e la stabilità complessiva della struttura.

■ Controllate che non vi siano fori causati da tarli, fenditure o fessure, parti sollevate o eventuali sconnessioni.

I criteri della riparazione

Esistono diversi approcci concettuali all'idea stessa di riparare un mobile. Alcuni preferiscono un intervento profondo che lo "rinnovi", riportandolo alla condizione iniziale, ossia a nuovo. Altri, invece, propendono per un intervento più cauto, che metta il mobile in condizioni di funzionalità e stabilità, ma non elimini l'impressione di antico e le tracce di vissuto che ormai caratterizzano l'oggetto. Un simile dilemma si pone anche nel caso delle parti mancanti. Certi preferiscono costruire una parte integrativa nuova, altri cercano di mutuarne una da un mobile uguale o simile e altri ancora lasciare la lacuna (ammesso che questa non privi il manufatto della sua utilità o lo deturpi fino a renderlo inutilizzabile). Le ipotesi di intervento proposte in questa guida seguono proprio il criterio di una riparazione rispettosa della storia intercorsa tra il momento della costruzione e oggi, che vuole il mobile come un documento prezioso, che porta con sé una testimonianza delle epoche che ha attraversato.

I materiali e le attrezzature

Prima di accingersi a rinnovare un mobile, è necessario verificare di avere a portata di mano ogni tipo di materiale indispensabile nelle varie fasi di pulitura, lucidatura o riparazione. In queste pagine vi forniamo quindi un elenco di tutto ciò che serve prima di cominciare a lavorare.

I MATERIALI

Per l'acquisto vi ricordiamo che i seguenti materiali sono reperibili in colorifici, cartolerie e negozi di modellismo.

Carta vetrata

Detta anche abrasiva o smerigliata, serve per levigare le superfici trattate. È commercializzata a grane diverse: quella fine si adopera per i legni molto teneri e per gli ultimi ritocchi; quella grossa

carta vetrata

si utilizza per i legni duri e per appianare le asperità più rilevanti.

Cere

Quelle per il legno sono commercializzate liquide oppure in pasta. Per stenderle in maniera uniforme senza avere incrostazioni, si tirano con un panno di lino. Diversamente, si stendono con un pennello e, una volta asciutte, si passa la superficie trattata con un panno di lana. Le cere conferiscono al mobile un aspetto satinato; sono prodotti incolori o leggermente pigmentati.

Colla animale

Conosciuta anche come colla da falegname, si acquista in tavolette ottenute dalla lavorazione di parti animali come tendini, pelle e ossa. Prima dell'uso il prodotto deve essere ammorbidito in acqua appena tiepida, fino a quando non assume una consistenza gelatinosa. Dopo essere stata ammollata, deve essere scaldata a bagnomaria per un paio d'ore, senza però farle mai raggiungere il bollore. Se ne possono preparare modiche quantità, scaldandole via via a bagnomaria poco prima

colla animale

dell'uso. La colla animale asciuga in non meno di 24 ore. Si adopera per incollare il legno, per applicare l'impiallacciatura e come ingrediente per la stuccatura dei mobili (operazione in genere preliminare alla lucidatura).

Colla vinilica

Consigliamo un frequente ricorso all'impiego di colla vinilica. Si tratta di una sostanza adesiva composta in buona percentuale da acqua e adatta a molti materiali, dal legno alle fibre, dalla plastica alla carta. Il suo tempo di asciugatura è medio-lungo, ossia almeno 12 ore, ma l'attesa è ripagata da una tenuta duratura nel tempo. Altri vantaggi che rendono preferibile la colla vinilica sono l'assoluta atossicità, il costo contenuto e la facilità dell'impiego.

Colla da parati

È un collante a basso costo ed è ideale da utilizzare sui materiali cartacei: si può impiegare, per esempio, per fissare il rivestimento interno dei cassetti.
Si presenta come una sostanza bianca polverulenta da sciogliere in acqua nelle proporzioni indicate sulla confezione dalla casa produttrice. Poiché non è possibile conservarla, se ne deve preparare giusto il quantitativo necessario per l'uso del momento.
I tempi di asciugatura sono medio-lunghi e non richiedono mai meno di 12 ore.

Coloranti

Nel corso della lavorazione è poco probabile che si debba far ricorso a sostanze coloranti, a meno che non si voglia dare allo stucco o alla vernice una sfumatura che accentui i pregi del legno oppure si intenda coprire una riparazione un po' troppo evidente. A ogni modo, quelle consigliate sono le cosiddette "terre" coloranti, di origine naturale, vendute in polvere, che si prestano a essere mescolate con il gesso da falegname o con lo stucco.

coloranti

Gesso di Bologna

Conosciuto anche come gesso da falegname, è l'unico tipo di gesso che viene adoperato per riparare i mobili. Si presenta in forma di sostanza polverulenta bianca e si lega prevalentemente con colla animale o vinilica, raramente con acqua. Si adopera nelle fasi della lucidatura e come sostitutivo dello stucco chimico.

Gommalacca

È una speciale vernice che conosce un ampio impiego in falegnameria in generale e nel restauro in particolare. I suoi pregi sono quelli di rendere evidenti le venature del legno, esaltare i colori caldi dei mobili e donare lucentezza alle parti trattate. Si presenta in forma di scaglie e palline da sciogliere in alcol secondo le istruzioni fornite dalla casa produttrice. La gommalacca asciuga in 24 ore quando si tratta della prima stesura. Alla seconda – con la quale si procede solo quando la prima è definitivamente asciutta – serviranno 48 ore. I tempi di asciugatura delle mani successive sono proporzionalmente più lunghi.

gommalacca

Impregnanti

Servono per conservare e proteggere il legno dall'azione del tempo. Devono il loro nome al fatto di penetrare profondamente nel legno senza formare pellicole superficiali, lasciando liberi i pori. Il prodotto deve essere mescolato con cura prima e durante l'utilizzo e, per una miglior resa, è bene distribuirlo sul legno perfettamente asciutto e levigato. La seconda mano si può dare 24 ore dopo la prima; la terza – nell'eventualità che sia necessaria – deve essere data dopo circa un mese. In commercio si trovano impregnanti trasparenti o colorati, addizionati con pigmentazioni naturali, che si intonano alle diverse varietà di legno. Il fatto che tali prodotti non formino pellicole sulle superfici trattate, non rende necessari interventi di pulitura prima

stucco

di effettuare trattamenti successivi.

Stucchi

Lo stucco chimico viene adoperato per tappare buchi o lievi fessurazioni del legno e per ricostruire piccole parti mancanti, come per esempio frammenti di cornici o di intagli.
I tempi di asciugatura del prodotto sono lunghi, e cioè non inferiori alle 24 ore.
Lo stucco è un materiale resistente ma, con il passare degli anni, può succedere che tenda a restringersi e a screpolarsi, quindi sarà necessario sostituirlo.
Dopo ogni applicazione, quando è asciutto lo stucco deve essere levigato con carta vetrata a grana fine, dopo di che, a piacimento, può essere verniciato.
Al momento dell'acquisto, specificate sempre se lo stucco vi serve per trattare il legno: esistono anche stucchi per la muratura e per altri impieghi, che hanno caratteristiche simili ma una composizione specifica differente.
Potete realizzare lo stucco da falegnameria anche in casa, mescolando segatura finissima e colla vinilica fino a ottenere una pastella abbastanza densa.
Alla colorazione dello stucco – quando necessario – si procede aggiungendo terre colorate.

Vernici

Formano un leggero rivestimento superficiale che ostruisce i pori del legno. Possono essere trasparenti oppure leggermente pigmentate, per assecondare o correggere la naturale colorazione del legno.
La prima mano si distribuisce sul legno levigato e asciutto; la superficie deve essere poi nuovamente levigata con carta vetrata prima della seconda passata, di almeno 48 ore successiva alla precedente.
Il passaggio con la carta vetrata a grana finissima deve essere fatto per rimuovere le irregolarità del primo strato di vernice.

GLI STRUMENTI

Gli strumenti utili da tenere nel proprio ambiente di lavoro hanno un origine antica: molti di essi, infatti, erano già in uso nel Medioevo e sono giunti a noi praticamente senza sostanziali modifiche. Si utilizzano oggi come allora.

Lima

Serve per modellare e rifinire le parti. Si tratta di uno strumento formato da un'impugnatura di legno e da una lama metallica, sulla quale si incrocia una fitta rete di tagli paralleli. Per manovrarla correttamente occorre adoperare tutt'e due le mani: una sul manico di legno e una sulla punta metallica, esercitando una pressione uniforme per non generare dislivelli. Le lime hanno sezioni e spessori diversi, a seconda del tipo di superficie che devono lavorare e del risultato che si intende ottenere.

lime

Martello

Il termine generico "martello" individua attrezzi anche molto diversi tra loro. Si distinguono di solito per il peso e per la conformazione della testa: in virtù di queste caratteristiche conoscono impieghi e destinazioni differenti, così da essere – almeno nominalmente – distinti tra martelli da meccanico (a battente diritto) e modelli da falegname (a battente inclinato verso il manico, con la coda biforcata per consentire l'estrazione dei chiodi). Appartengono alla famiglia dei martelli anche i mazzuoli di legno e i martelli con la testa di gomma: vengono impiegati di norma per battere scalpelli e sgorbie e per operazioni particolari, nel corso delle quali non si intende mettere a repentaglio l'integrità del legno.

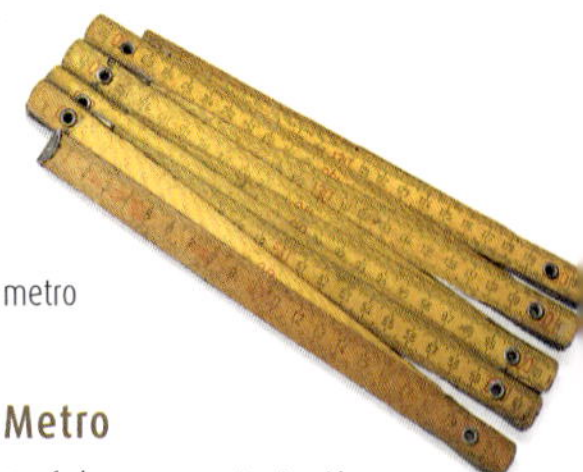

metro

Metro

In falegnameria i più impiegati sono quello pieghevole (detto anche a stecche snodate) e quello avvolgibile (o flessometro). È meglio averne sempre uno a portata di mano, sia per misurare il mobile e le parti in lavorazione sia per quantificare la grandezza dei pezzi integrativi.

morsa

Morse e morsetti

Le morse conoscono diversi tipi d'impiego: si utilizzano per tenere fermi due pezzi mentre la colla li unisce, oppure per bloccare insieme più componenti in corso di lavorazione; ancora, sono utili per fissare a un supporto o al banco di lavoro pezzi che devono subire particolari trattamenti. A tanta varietà di impieghi corrisponde altrettanta varietà di modelli: dai serragiunti ai cosiddetti "sergenti", dai morsetti a "C" alle morse a serraggio rapido, per concludere con i morsetti da cornice, i morsetti a cinghia e la morsa da banco. Ciascuna tipologia ha un esteso ventaglio di misure.

Pennelli

I tipi migliori sono quelli con i peli di fibra naturale, vegetale o animale. Dopo ciascun uso devono essere lavati, asciugati e riposti con le setole messe in piega, ben unite, con l'aiuto di colla da parati. La colla si scioglierà bagnando il pennello in acqua prima dell'utilizzo successivo. Ve ne sono di rotondi o piatti e di varie dimensioni: un buon assortimento garantisce la massima possibilità di sfruttamento, anche se con l'esperienza potrete selezionare i modelli adatti alle vostre esigenze e al tipo di lavoro che svolgete con maggior frequenza.

Pialla

Si utilizza per lisciare le superfici di legno e ottiene questo risultato asportandone uno strato superficiale più o meno rilevante. Il maggiore o minore spessore dello strato da eliminare si regola sulla sporgenza della lama rispetto alla suola (ovvero il piano) della pialla. Questo strumento, dunque, pratica un'azione "distruttiva" di scarsa utilità per un intervento conservativo. Il suo utilizzo non si può comunque evitare per la costruzione di parti integrative. Una precisazione: la pialla, come anche la rasiera, va sempre adoperata nel senso della venatura del legno.

Pinze

Servono per stringere, estrarre, bloccare. Quando vengono usate come leve, per esempio in fase di estrazione, sono tanto più utili quanto più sono lunghe. In falegnameria è indifferente acquistarle con impugnatura in metallo o isolante. Importante è invece che la vite centrale sia ben oliata. Carattere distintivo e preferenziale è che sotto le ganasce si trovi il tronchese, utile per esempio per il taglio di sottili fili metallici.

Rasiera

È una versione leggera della pialla e consiste in una lamiera d'acciaio di forma rettangolare, dello spessore di pochi millimetri e con i lati affilati. Si impugna con le mani poste alle estremità del lato superiore e si usa esercitando una lieve pressione.
La rasiera serve per asportare piccoli trucioli e modeste asperità, ma anche per rimuovere strati di vernice o di colla senza ricorrere a solventi.
Viene ampiamente impiegata in più fasi del lavoro. In mancanza dell'attrezzo specifico si possono adoperare il bordo o il taglio di una grossa spatola. La rasiera, come la pialla, si usa sempre nel senso della venatura del legno.

Raspa

Appartiene alla famiglia della lima, con la differenza che la sua lama è incisa a dentelli semicilindrici anziché a linee parallele.
I dentelli scalfiscono il legno nel senso della venatura e solo in andata.
Per manovrarla, dunque, è indispensabile dare un colpo deciso ma non troppo forte, esercitando una pressione uniforme su tutta la lama.

Sega o seghetto

In una falegnameria ce n'è sempre più d'una e i modelli sono tanto vari quanti possono essere gli usi di questo strumento.
Il segaccio è la versione che si può impugnare con una sola mano: ha la lama con inclinazione variabile e punta ad angolo o arrotondata.
La sega a dorso si usa per i lavori minuti, che richiedono maggior precisione: la lama, infatti, è ben sottile, con piccoli denti finemente allicciati, ed è tenuta diritta da una fascia che avvolge la parte superiore.
La sega a telaio, come suggerisce il nome, è montata su un telaio di legno regolabile con una corda (chiave), che deve essere allentata dopo l'uso per evitare che la lama rimanga in flessione.

seghe a dorso

Il gattuccio non è lo strumento mansueto che il nome suggerisce: è una sega a manico diritto (foretto) o comunque a impugnatura da pistola che la rende particolarmente maneggevole e ideale per la lavorazione nel mezzo delle superfici piane. In falegnameria si usano anche i seghetti alternativi e le seghe circolari, non inutili per il restauro ma certo poco adoperati e non consigliabili per lo stress complessivo al quale potrebbero sottoporre la struttura del mobile.

Spatola

Disponibile in diverse misure e larghezze, la spatola è uno strumento molto utile per applicare lo stucco. Si prelevano piccole porzioni di prodotto e si distribuiscono sulla superficie da trattare, facendo in modo di riempire bene le parti mancanti o le fessurazioni. Una volta completata l'applicazione, si rimuove con il bordo lo stucco in eccesso e si liscia la superficie trattata. La spatola va pulita subito accuratamente.

Tenaglia

Ha ganasce arcuate, con la bocca affilata e diritta. L'uso principale è l'estrazione dei chiodi, ma il suo impiego non è molto dissimile da quello delle pinze, con la fondamentale differenza che la tenaglia può recidere e anche lasciare segni nei punti su cui fa presa.

Trapano elettrico

È un attrezzo che si trova nelle case di tutti coloro che sono appassionati di fai da te. L'intercambiabilità delle punte, la maneggevolezza e l'efficacia che fanno risparmiare tanta fatica lo hanno reso molto popolare, soppiantando il trapano a mano o quello da modellista, adoperati solo per alcuni lavori di precisione.

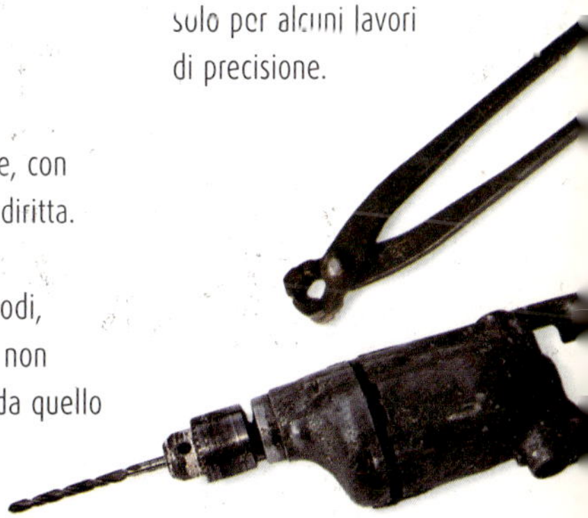

tenaglia e trapano elettrico

La sicurezza

Prima di cominciare, assicuratevi di creare le condizioni per poter procedere in piena sicurezza, in modo da ridurre al minimo il rischio di ferirvi accidentalmente.

Qualsiasi strumento appuntito e tagliente deve essere utilizzato con le punte e i tagli che si spostano dal corpo di chi lavora verso l'esterno. In senso contrario, infatti, basterebbe una piccola svista per provocare ferite anche gravi. Se tagli e punte sono affilati, la lavorazione richiede minor sforzo e, dunque, si riduce il rischio di incidenti. La lama delle pialle deve sempre essere libera da trucioli e residui di legno per mantenersi scorrevole. Non appoggiate mai le mani sul tagliente delle rasiere o di altri attrezzi da taglio. Per tenere fermi i chiodi sotto i primi colpi del martello, è preferibile non adoperare le dita, ma un cartoncino nel quale infilare le punte da infiggere. Conservate sempre i chiodi e i vetri in contenitori separati e appositamente destinati a questo uso, che poi riporrete in un luogo sicuro. Utilizzando il trapano, prestate attenzione a non calpestare il cavo di alimentazione ed evitate di indossare cravatte, lacci o sciarpe che possano allacciarsi alla punta in movimento. Quest'ultima si cambia solo ed esclusivamente quando la corrente è staccata. Non tentate mai di fermare il mandrino in azione: la chiusura si apre e si blocca solo con l'apposita chiavetta.

Il luogo di lavoro deve essere regolarmente aerato per evitare il ristagno nell'aria di esalazioni prodotte da colle, mordenti e vernici, che spesso sono potenzialmente tossici. Ciò eviterà anche che le polveri sollevate dalla lavorazione permangano a lungo nell'ambiente.

Indossate appositi indumenti protettivi: guanti pesanti, una mascherina che copra naso e bocca, un grembiule da lavoro e scarpe rinforzate che riparino dalla caduta accidentale di parti pesanti. Quando usate colle e vernici o il trapano è consigliabile usare occhiali protettivi. Non lasciate mai gli strumenti da lavoro sparsi sul ripiano: dopo l'uso riponeteli sempre al loro posto.

Rimuovete subito gli scarti di lavorazione che ingombrano il piano da lavoro o il pavimento, poiché potrebbero intralciare i movimenti o celare oggetti appuntiti e cavi elettrici. Nel caso di strumenti alimentati da energia elettrica, disinserite sempre la presa dell'attrezzatura non in uso.

Tenete a disposizione presso il luogo in cui lavorate una piccola cassetta di pronto soccorso, contenente almeno il minimo indispensabile per intervenire in caso di ferite accidentali: predisponete un flacone di disinfettante, garze, cotone e cerotti di varie misure.

Eliminare i tarli

Materiali

- liquido antitarlo (metodo 1)
- insetticida antitarlo spray (metodo 2)
- siringa (metodo 1)
- sacchetto di plastica (metodo 2)
- corda (metodo 2)

I danni provocati dai tarli sono immancabili in un mobile vecchio o antico, ma se seguirete le nostre indicazioni vi porrete facilmente rimedio.

L'ingrandimento qui a lato mostra come appare in sezione un'asse rosa dai tarli. Sono perfettamente visibili i forellini d'ingresso, rotondi ed ellittici, segno che sono prodotti da due varietà diverse di tarlo.

Particolare di un legno fortemente intaccato dal lavorio di questi minuscoli insetti, che agiscono in genere di notte, o per lo meno al buio, emettendo un rumore caratteristico e lasciando, in corrispondenza del foro d'entrata, una minutissima segatura. Alcuni preferiscono eliminarli completamente, altri, considerandoli parti integranti del legno, applicano solo blande misure contenitive.

BASSA

Metodo 1

Una tecnica consolidata per l'eliminazione dei tarli consiste nell'iniettare nei loro fori, con la siringa, lo speciale liquido antitarlo (lo si trova nei colorifici e nei negozi specializzati). La quantità da adoperare può variare leggermente a seconda della casa produttrice ed è sempre meglio leggere attentamente le avvertenze allegate alla confezione, soprattutto se non avete molta dimestichezza con questo genere di prodotti. Un solo trattamento non è risolutivo e potrebbe rendersi necessaria una ripetizione periodica dell'iniezione.

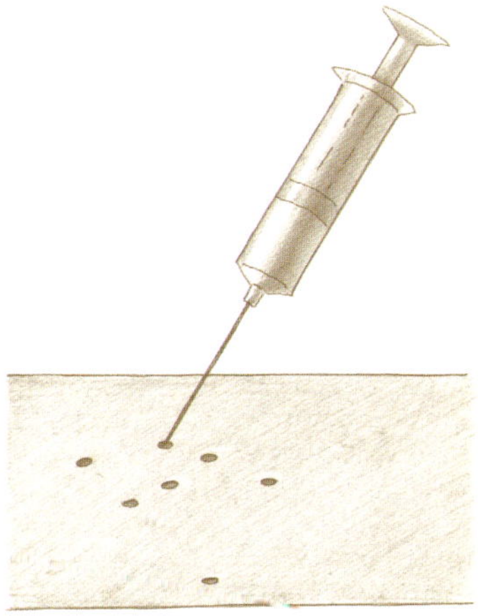

Metodo 2

Un altro sistema, un poco più laborioso ma efficace, consiste nell'avvolgere interamente nel sacchetto di plastica il mobile da trattare, legarlo con la corda e poi spruzzarvi all'interno una quantità di insetticida sufficiente a saturare l'aria rimasta attorno al mobile. Si lascia agire il prodotto per almeno una giornata intera, quindi si libera il mobile dalla copertura e si procede alla sua pulitura.

Lucidare un mobile

Materiali
- vernice (o gommalacca)
- pennello
- sverniciatore
- guanti e maschera (facoltativi)
- lana d'acciaio
- spatola
- gesso di Bologna
- colla animale
- mordente (o terre colorate in polvere)
- carta vetrata di grana media
- panni morbidi
- fili di lana
- strofinaccio
- olio di lino

MEDIA

Lucidare un mobile è un procedimento relativamente facile, ma di grande efficacia: sovente questa sola procedura dà l'effetto di un profondo rinnovamento del mobile. La lucidatura di un mobile vecchio che già era stato in precedenza trattato con vernici deve essere preceduta dalla sverniciatura e dalla levigatura. La prima serve per rimuovere i vecchi strati di vernice: si distribuiscono sulla superficie interessata sostanze solventi oppure si utilizzano apparecchiature che producono calore e provocano così lo scioglimento delle vecchie vernici. In sede di restauro, solitamente, si preferisce il ricorso a solventi specifici per il legno. L'impiego di apparecchiature che sviluppano calore, infatti, potrebbe sottoporre il legno a sollecitazioni eccessive e lo sbalzo di temperatura potrebbe favorire la formazione di fessure. La levigatura, infine, predispone il mobile alla nuova verniciatura.

Un antenato del CD: funzionava con un rullo e strisce di carta perforate, permettendo di ascoltare brani registrati.

Sverniciatura

La superficie di un mobile si macchia e si consuma con l'uso. Alcuni segni fanno parte della vita dell'oggetto, altri devono essere attenuati per mantenere la bellezza, l'integrità e la funzionalità del mobile.

1. Utilizzando il pennello (o un panno ben imbevuto) distribuite lo sverniciatore su tutta la superficie da trattare. Il prodotto entrerà in azione quasi subito, sciogliendo i vari strati di vernice accumulatisi durante precedenti operazioni. Per precauzione, potete indossare i guanti da lavoro impermeabili e una mascherina, in modo da proteggere le vie respiratorie.

1

2

2. Rimuovete lo sverniciatore e la vecchia vernice sciolta con la lana d'acciaio. Non è necessario esercitare pressione: la superficie ruvida della paglietta svolge un'azione abrasiva più che sufficiente per una pulitura profonda. Eventualmente ripetete l'operazione.

3. Un intervento più profondo si opera con la spatola. Fate attenzione, però, a non rimuovere la dovuta patina di antico, cioè a non graffiare via uno strato troppo profondo di legno: un ringiovanimento del mobile troppo energico, infatti, ne decurterebbe in maniera significativa il valore. Se esercitate una pressione eccessiva correte il rischio di produrre un effetto "mobile nuovo" che svaluterebbe il vostro pezzo.

Levigatura

Le fasi fino a ora mostrate servono per la pulitura del mobile: il legno è stato liberato dalla vecchia vernice e dalle concrezioni di sporco e polvere formatesi nel tempo. Lo scopo non è quello di avere un legno come nuovo: il vostro mobile non deve essere come quelli che potreste vedere a un'esposizione di arredamento in legno naturale. Il colore del legno deve rendere giustizia all'invecchiamento e non è grave se alcuni segni profondi restano visibili.

1. Prendete alcune manciate di gesso di Bologna (o gesso da falegname) e unitele a uno o due mestoli di colla animale. Con la spatola impastate leggermente per ottenere un composto omogeneo e morbido di colore nocciola chiaro.

2. Se il risultato ottenuto è un colore significativamente differente da quello di base del vostro mobile, aggiungete del mordente o piccole quantità di terre coloranti in polvere, specifiche per stucchi.

3. Spalmate il composto ottenuto su tutta la superficie del mobile (noterete che in corrispondenza dei fori d'ingresso dei tarli si sollevano alcune piccole bolle).

4. Ripiegate in 3 parti la carta vetrata fino a ottenere delle dimensioni adeguate alla grandezza della vostra mano.

5. Strofinate delicatamente la superficie del mobile, curando con particolare riguardo le parti nascoste e gli angoli. Spolverate poi con un panno asciutto.

Verniciatura

Adesso avete nutrito il legno e levigato la superficie con il gesso, dunque avete provveduto a un'adeguata "cosmesi" del mobile. Potete ora proseguire con la verniciatura, che serve per un'uniforme distribuzione della vernice (o gommalacca) su tutta la superficie del legno. Per un risultato buono e duraturo, seguite alla lettera le istruzioni, anche nella specificazione dei movimenti da fare. Solo rispettando questa consolidata procedura avrete rivestito, lucidato e protetto adeguatamente il mobile.

1. Spennellate con della vernice (o gommalacca) la superficie ormai pulita. Lasciate che la prima mano di vernice si asciughi perfettamente, quindi provvedete a una leggera pulitura con un panno pulito.

2. Intridete con la vernice una manciata di fili di lana e raccoglieteli al centro dello strofinaccio, che poi chiuderete a tampone. Strizzate lo strofinaccio per eliminare l'eccedenza di vernice.

3. Utilizzando il pennello pulito e asciugato, fate sgocciolare la vernice sulla superficie del tavolo. Passate poi sommariamente con il tampone intriso.

4. Tirate bene la vernice su tutte le parti del mobile, in particolare sulle superfici più ricche di asperità e spigoli. Non ripassate due volte sulla vernice fresca, perché perderebbe omogeneità. Se fate fatica a "tirarla", aggiungete sulla superficie poche gocce di olio di lino. Alternate passate verticali e longitudinali.

5. Quando la superficie si starà asciugando, passate di nuovo con movimenti circolari: il prodotto deve essere distribuito in maniera omogenea e tirato con cura, per non lasciare traccia degli avvenuti passaggi.

6. Verificate di aver ottenuto risultati ottimali, soprattutto nei punti più critici. Ad asciugatura avvenuta, il mobile avrà acquistato nuovo splendore.

Foderare i cassetti

Materiali
- carta per foderare cassetti
- colla da parati
- pennello piatto largo
- forbici
- metro

MEDIA

Per preservare la superficie interna di un cassetto e renderla anche più gradevole alla vista, è sempre consigliabile foderarla. Allo scopo, potete utilizzare la carta specifica che trovate in vendita presso i colorifici e i negozi specializzati.

1. Misurate la carta sulle dimensioni del cassetto (come regola generale, lasciate sempre un po' di materiale in esubero). Tagliate prima il rivestimento dei bordi, provvedendo a lasciare un margine di abbondanza che copra anche parte del fondo del cassetto.

2. Dopo aver operato il taglio, applicate la carta alla superficie per un'ulteriore verifica.

3. Spennellate la colla da parati sulla superficie interna del cassetto.

4. Distribuite uniformemente la colla anche sul retro della carta.

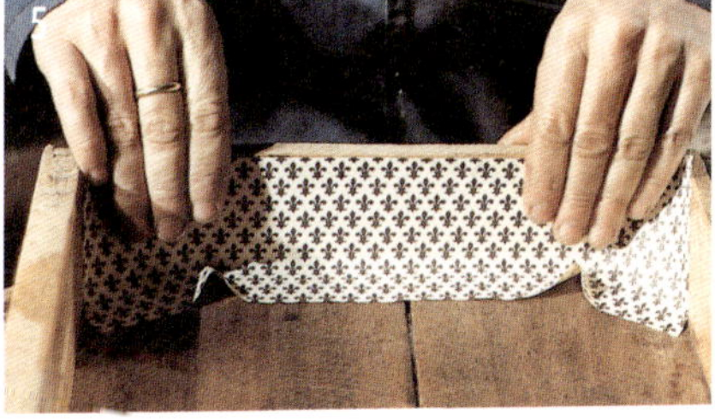

5. Applicate la carta prima sui bordi, quindi stendete la parte eccedente del foglio sul fondo del cassetto.

6. Le parti eccedenti devono essere eliminate con le forbici.

7. Incollate la carta sul fondo, ripiegando l'eccedenza sul bordo posteriore.
Eliminate la carta debordante, quindi lasciate asciugare bene il collante.

Le carte per rivestire i cassetti

Per foderare gli interni dei cassetti si possono utilizzare infinite varietà di carta: da quelle più classiche a quelle più colorate. La scelta è dettata dall'uso del mobile: una carta a tinta unita, più seria, è adatta per i mobili del soggiorno, mentre per il cassettone della camera da letto è indicata anche un'elegante carta floreale. La medesima tecnica di rivestimento può essere adoperata anche per i cassetti di mobili più decorativi, come quelli abbelliti con la tecnica del découpage.

Come conservare i mobili

Una volta completate le operazioni di pulitura e di risistemazione, bisogna prendersi cura dei mobili vecchi. Come abbiamo detto, il legno è un materiale vivo, che può risentire dell'umidità o degli sbalzi termici. Ecco alcuni suggerimenti per mantenere al meglio i vostri mobili.

- *Il mobile deve essere sistemato in un punto della stanza che non venga direttamente raggiunto da raggi solari, per lo meno non nelle ore più calde o troppo a lungo. Posizionatelo lontano da fonti di calore e in particolare dagli elementi del riscaldamento. Ricordate infine che la sua vita sarà più lunga se eviterete di esporlo all'umidità.*
- *Pulite le superfici con un panno morbido leggermente inumidito con prodotti specifici per il legno, eseguendo movimenti ampi e circolari.*
- *Non lavate il mobile con acqua o con dosi troppo generose di detergenti liquidi per evitare i ristagni.*
- *Non utilizzate mai panni o strumenti dalla superficie abrasiva. Per la stessa ragione, non mettete il legno a contatto con sostanze corrosive.*
- *Non usate sostanze chimiche per restituire lucentezza a un mobile, ma solo ed esclusivamente l'apposita cera: distribuitene un leggero strato e lasciate agire per 24 ore. Successivamente, strofinate prima con una spazzola morbida e poi con un panno.*
- *La polvere deve essere regolarmente rimossa, prima con un piumino e poi con un panno morbido.*

Secrétaire in stile Impero realizzato in noce e radica di noce.
Le finiture e le colonnine sono in finto ebano, cioè legno laccato di nero.

Le parti metalliche

Le parti in metallo di un mobile possono essere varie: i chiodi con cui alcuni elementi vengono uniti tra loro, i cardini di eventuali sportelli, le serrature, le maniglie e svariate tipologie di applicazioni a puro scopo decorativo. I metalli più diffusi sono in assoluto le leghe d'ottone. Se avete in casa un mobile di famiglia o un pezzo acquistato da un rigattiere oppure da un antiquario, verificate se ha delle componenti metalliche originali. Se così fosse, abbiatene particolare cura, perché costituiscono un valore aggiunto al mobile.

- *I mercatini dell'antiquariato propongono una notevole varietà di oggetti metallici, come chiavi, serrature, maniglie, chiodi e cerniere. Alcuni oggetti sono vecchi, altri sono recenti, altri ancora sono effettivamente antichi.*
- *Se le componenti metalliche sono costituite da motivi con forme molto sagomate e profondamente incise, devono essere pulite con regolarità e costanza per impedire che si depositino ristagni di sporco e accumuli di polvere, che sarebbero poi difficili da rimuovere. Per la pulitura sono reperibili in commercio prodotti appositi in pasta o liquidi, che si possono applicare per mezzo di un panno arrotolato attorno a un ferretto, lana d'acciaio o comuni bastoncini con la punta ricoperta di cotone per uso cosmetico.*

- *Ricordate che le sostanze per la pulitura dei metalli non devono assolutamente mai venire a contatto con il legno: non provocano gravi danni ma possono – alla lunga – intaccare la superficie del mobile.*

■ *Se avete un oggetto di ferro di produzione attuale e volete dargli un aspetto anticato, lasciatelo per alcune ore tra le braci. Fate però molta attenzione: il calore in eccesso potrebbe deformare il metallo, rovinandolo irrimediabilmente.*

In alcuni casi, le parti metalliche come maniglie, cerniere e serrature presentano delle ammaccature o delle deformazioni e devono subire un trattamento preliminare per essere raddrizzate.
Esistono alcune procedure standard da seguire per realizzare un lavoro a regola d'arte.

■ *Svitate le viti o sollevate i chiodi per poterli poi eliminare con l'aiuto di una tenaglia dai bordi piatti. Liberate quindi le cerniere, le serrature, le maniglie e gli eventuali elementi metallici decorativi. Batteteli delicatamente con un martello tenendoli fermi con le mani o, meglio ancora, con delle pinze. Queste operazioni vanno eseguite su un ripiano di legno, in modo da ammortizzare i colpi.*

■ *Una volta raddrizzate, le componenti metalliche possono essere lucidate, anche solo con l'azione meccanica di una spazzola applicata al trapano elettrico.*

■ *Ricordiamo comunque che, se lo stato di conservazione è buono, è inutile procedere a interventi laboriosi e non necessari, come svitare e poi ricollocare le parti. Basta semplicemente effettuare una pulizia accurata e avere la massima cura nella manutenzione degli elementi metallici.*

Colmare le fessure

Materiali

- asticciola di legno
- spatola piccola
- colla vinilica
- pennello (facoltativo)
- martello
- spugna

BASSA

Le fessure possono aprirsi per una normale tendenza del legno ad accentuare col tempo fenditure già presenti nella sua struttura. Potrebbe anche trattarsi di un restringimento naturale (in seguito all'uso, al caldo, all'umidità), che espone i punti in cui due assi erano state affiancate. Alle fessure si rimedia quando rovinano l'estetica del mobile e quando possono minacciarne la stabilità. Quelle più modeste e meno pericolose possono essere considerate normali e addirittura apprezzabili in un mobile vecchio. Si riparano, in genere, inserendo nell'apertura venutasi a creare una listarella di legno uguale a quello del mobile che si sta riparando.

1. Il primo intervento necessario è la pulitura della fessura. L'angolo della spatola (o una lamina di ferro) è lo strumento ideale per liberarla da impurità, residui e schegge.

2. Inserite parzialmente l'asticciola di legno per verificare che si adegui come spessore e colore e sia della lunghezza giusta.

3. Cospargete la fessura con un generoso strato di colla vinilica. Con un dito, con un pennello o la spatola, fate penetrare il prodotto nella fessura.

4. Spennellate con la colla anche l'asticella che avete approntato per la riparazione.

5. Inserite la toppa di legno nella fessura e martellatela delicatamente, fino a quando non risulterà perfettamente incastrata e al livello della superficie.

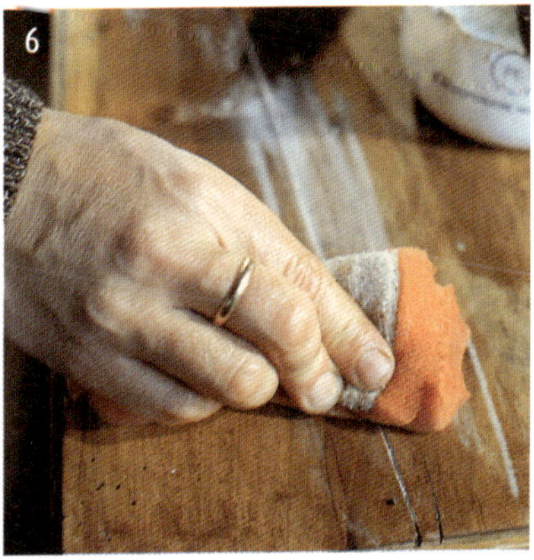

6. Con la spugna intrisa d'acqua, ripulite la superficie del legno dalla colla in eccesso.

Pulire specchi e vetri antichi

Materiali

- prodotto per pulitura dei vetri
- pelle di daino
- pennello a setole morbide o soffietto

BASSA

Questi elementi costituiscono le parti pregiate di un mobile. Non si può far molto per ridare loro lo splendore originario, ma un'attenta manutenzione potrà contenere gli effetti dell'invecchiamento.

Gli specchi

Erano composti da un significativo spessore di vetro dai bordi molati, sotto al quale veniva applicata una sottile lamina di mercurio. Gli specchi venivano poi montati su cornici di legno o applicati nella struttura dei mobili.

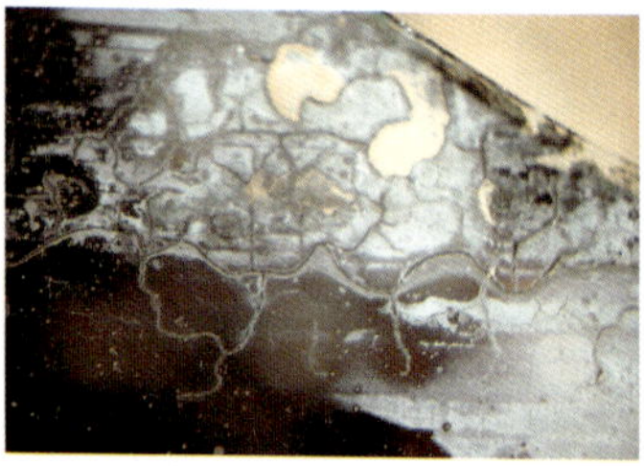

La perdita di potere riflettente è una conseguenza naturale del decadimento dei materiali. Le chiazze e gli aloni scuri sono invece da attribuire alle infiltrazioni di umidità che danneggiano i supporti di legno e la lamina di metallo.

Pulite gli specchi con pelle di daino o con un panno che non lasci pelucchi e con prodotti specifici per la pulitura dei vetri. Il panno deve essere appena inumidito con il prodotto; evitate sempre di distribuire sostanze umide in corrispondenza dei bordi. Il sistema di montaggio degli specchi antichi prevedeva sempre un intervento di impermeabilizzazione, che però potrebbe anche non essere integro.

I vetri

In tempi andati i vetri venivano soffiati artigianalmente pezzo per pezzo. Anche le loro imperfezioni, dunque, sono preziose perché denunciano l'originalità del pezzo. Alcuni vetri venivano poi decorati con lavorazioni a smeriglio, oppure con l'applicazione di dorature.

Per la pulitura del vetro valgono le stesse indicazioni fornite per gli specchi. Se i vetri sono lavorati, eliminate la polvere dalle parti profonde con il pennello o con il soffietto. In presenza di dorature, evitate di strofinarle e di bagnarle e tamponatele leggermente con prodotti specifici solo quando effettivamente necessario.

Se la doratura tende a ossidarsi, significa che si tratta di un'applicazione di oro finto, in caso contrario di oro zecchino.

Integrare una gamba mancante

Materiali

- assicella di legno
- matita
- foglio di carta
- metro
- seghetto
- spatola
- colla vinilica
- chiodi lunghi
- morsa
- pialla
- carta vetrata a grana grossa

ALTA

Talvolta può capitare che alcuni mobili vecchi, o antichi, necessitino di interventi massicci, come l'integrazione di alcuni elementi. Per i risultati migliori, scegliete sempre la stessa essenza del mobile.

1. Le estremità delle gambe di un tavolino si consumano per effetto del tempo, dello strofinio, dei tarli e anche per la collocazione sfavorevole: quest'ultimo è il caso, per esempio, dei mobili che sono rimasti a lungo all'esterno prima che qualcuno ne riconoscesse il valore o, indipendentemente da quello, decidesse di ripararli. La prima operazione consiste sempre nell'eliminare la parte da sostituire realizzando un taglio obliquo.

2. Appoggiate il moncone rimasto sull'assicella dello stesso legno e dello stesso spessore della gamba. Se proprio non trovate un'essenza uguale, sceglietene comunque una molto simile. Disegnate con la matita la sagoma della porzione mancante sul foglio di carta. Per capire come questa sagoma debba essere, fate riferimento alle gambe ancora integre. Ricordate che l'altezza media di un tavolo è compresa tra gli 80 e i 90 centimetri.

3. La parte più delicata della misurazione è quella del taglio obliquo, che poi dovrà essere perfettamente coincidente con la superficie con la quale dovrà combaciare. Se non avete dimestichezza con questo genere di lavori e di materiali, lasciate un centimetro d'abbondanza in lunghezza: la misura della gamba sarà poi perfezionata sul finire della lavorazione.

4. Con il seghetto, tagliate il pezzo nuovo e fatelo coincidere al moncherino della vecchia gamba. Ripetete l'operazione per tutte le gambe del tavolino che necessitano di questo intervento.

5. Con lo spigolo della spatola, incidete leggermente la superficie tagliata: la colla farà maggior presa. In relazione a quanto già detto sui tarli (pagine 26-27), potete decidere di eseguire il trattamento o di lasciare il legno al corso naturale della sua esistenza.

6. Unite i 2 pezzi ricorrendo prima alla colla vinilica e poi, come misura di sicurezza, adoperando anche alcuni chiodi infissi obliquamente per saldare i 2 lembi della giuntura.

7. Intanto che la colla fa presa, tenete fermo il pezzo montato facendo ricorso alla morsa.

8. Togliete la morsa e accertatevi che il pezzo complementare si sia perfettamente saldato alla gamba. Potete, per esempio, provarne la resistenza picchiettandolo leggermente con un attrezzo da lavoro, come illustrato nella fotografia. Ripetete poi la misurazione della lunghezza della gamba.

9. A questo punto, eliminate eventualmente la parte che avevamo suggerito di lasciare in eccedenza.

10. Piallate accuratamente la gamba per levigare il punto di giuntura.

11. Rifinite il lavoro con un passaggio di carta vetrata.

I sedili delle sedie

L'impagliatura delle sedie, come il rivestimento in cuoio o in stoffa di sedili e schienali, deve essere trattata da professionisti.
Per la loro migliore conservazione, evitate di trattare le sedute con acqua e sostanze liquide. Infatti l'impagliatura s'impregna e si gonfia e, quando si asciuga, i fili si presentano allentati e rovinati; la pelle si danneggia e la stoffa, oltre a macchiarsi, intride l'imbottitura sottostante e può dare origine a fenomeni di marcescenza. Inoltre, a contatto con l'acqua o altri liquidi, i chiodi o le altre componenti metalliche potrebbero iniziare ad arrugginirsi.
Per non favorire rapide degenerazioni dei materiali evitate anche l'esposizione diretta al sole e all'umidità. Ricordate, infine, che le imbottiture e le impagliature sono graditissime ai roditori, che le rosicchiano o vi nidificano. Evitate dunque di lasciare – anche solo per brevi periodi – seggiole, sgabelli e divani vicino a depositi della legna, in solaio o in garage.

Decorare i mobili

Il momento più divertente e soddisfacente quando si tratta di dare nuova vita a un vecchio mobile è senza dubbio quello della decorazione, che lascia libero spazio alla creatività.

Le tecniche a disposizione sono numerose e permettono di valorizzare al meglio qualsiasi mobile, oggetto o elemento d'arredo. Potrete imitare materiali diversi dal legno, dipingendo un tavolino in modo da farlo sembrare rivestito di marmi intarsiati, oppure impreziosire le ante di una credenza con disegni geometrici o con i decori che più vi piacciono.

Cracklé, découpage e stencil, utilizzati da soli o in combinazione tra loro, vi aiuteranno a rendere unici e originali sedie e vecchi bauli, dando libero sfogo alla vostra fantasia.

Nelle pagine che seguono troverete ciascuna tecnica descritta con semplicità e chiarezza, corredata da utili indicazioni sulle procedure da seguire e sugli strumenti e i prodotti da utilizzare. Sarete guidati nella realizzazione di ogni progetto da step fotografici e istruzioni, che permetteranno anche ai principianti di lavorare da subito con la massima facilità.

La tecnica shabby

Se avete a disposizione un vecchio mobile e desiderate dargli nuova vita, facendolo apparire usurato dal tempo, allora non c'è nulla di meglio della tecnica conosciuta come "shabby", dall'inglese «logoro, trasandato, usurato».
Essa crea infatti su un oggetto l'imitazione di una vernice scrostata per effetto dell'usura.
È una pratica di grande impatto visivo, che dà realmente l'idea che l'utilizzo abbia consumato e fatto saltare alcuni punti di colore, lasciando intravedere gli strati sottostanti.
Le tonalità più usate sono solitamente quelle pastello, tenui e delicate: dal verde chiaro al rosa antico, dall'avorio al grigio chiaro.
Per ottenere questo effetto, si possono utilizzare varie metodologie, che si dividono in due grandi filoni: "a togliere" e "a mettere". Con il primo, in generale, si esegue una sovrapposizione di più colori, che poi vengono scrostati con della carta vetrata. Con il secondo, per creare l'effetto antico, si stende sopra il colore il bitume, un prodotto scurente. Qui di seguito viene spiegato il metodo "a togliere", più facile, poiché si utilizzano una candela e la carta vetrata per realizzare la scrostatura su un oggetto di legno.
Dopo aver fatto pratica, sarete in grado di raschiare il colore senza l'uso della cera.

IL PROCEDIMENTO

■ Prima di tutto, pulite accuratamente la superficie dell'oggetto da decorare e grattatela con la carta vetrata, in modo da eliminare completamente ogni traccia di eventuali vernici stese precedentemente.

■ Utilizzando un pennello piatto distribuite una mano di colorante all'acqua per legno su tutta la superficie: questo prodotto penetra all'interno delle fibre e non sbiadisce con l'abrasione successiva. Invece, se lavorate su un legno che non siete riusciti a sverniciare, sostituite il colorante con un acrilico scuro (marrone, bruno, castano-grigio): eviterete così la formazione di antiestetiche macchie sulla superficie. Lasciate asciugare perfettamente.

■ Stendete una mano di vernice protettiva (lucida o opaca a seconda delle preferenze) sull'oggetto, in modo che il colorante non affiori in superficie quando stenderete poi il primo colore di fondo.

■ Una volta asciugata la vernice, strofinate gli angoli, i bordi, gli spigoli e le altre zone che desiderate far sembrare usurate con una candela di cera bianca: esercitate una certa pressione, per far sì che uno strato di cera sufficiente ricopra le aree prescelte. Ripulite poi, passando con un panno morbido, i residui di cera dalla superficie.

■ Con l'aiuto del pennello piatto stendete su tutto l'oggetto un colore acrilico di una tonalità più chiara rispetto a quella dell'acrilico utilizzato per il fondo.

■ Fate asciugare tutto molto bene, quindi strofinate, con della carta vetrata oppure utilizzando una spugna abrasiva, la superficie nei punti in cui è stata trattata con la cera della candela.
In questo modo, si staccherà il colore chiaro che è stato sovrapposto a quello scuro. Non occorre ricordare dove era stata passata la cera, perché comunque, anche strofinando in altri punti, il colore non risulterà intaccato.

■ Rifinite infine l'oggetto con della cera d'api solida per mobili, utilizzando un panno morbido.
Ricordate di riapplicare periodicamente la cera, con una frequenza variabile a seconda dell'usura a cui è sottoposto l'oggetto.

Tavolino provenzale

Materiali
- tavolino restaurato
- liquido sgrassante per mobili
- indurente per legno tarlato
- primer per mobili di Provenza
- colori acrilici rosso basco e giallo zafferano
- protettivo per mobili di Provenza
- patina anticante scura
- cera naturale per mobili

Attrezzature
- lana d'acciaio n. 000 e 00
- cotone da lucidatura
- panni di cotone morbidi
- pennelli piatti grandi e morbidi
- carta assorbente da cucina

MEDIA

Un grazioso tavolino ritrovato in soffitta, decorato con i tipici colori provenzali, si trasforma in un oggetto d'arredamento adatto per ogni angolo della casa.

1. Passate il mobile con l'apposito sgrassante, stendendolo con la lana d'acciaio n. 000, poi passatelo con il cotone da lucidatura.

2. Dopo aver effettuato il trattamento antitarlo (si vedano pagg. 26-27), applicate l'indurente con un panno, quindi stendete anche il primer per mobili di Provenza con un altro panno e lasciatelo asciugare per circa 6 ore.

3. Con un pennello piatto stendete un fondo con l'acrilico rosso basco e lasciate asciugare. Dipingete poi il mobile con il giallo zafferano e lasciatelo essiccare.

4. Passate la lana d'acciaio n. 00 inumidita, creando delle strisce, asciugate tamponando con la carta assorbente da cucina per creare l'effetto decapé, cosicché si intraveda il rosso sotto al giallo.

5. Stendete poi con un pennello pulito del protettivo per mobili di Provenza e fatelo asciugare, quindi distribuite con un panno pulito un velo di patina anticante, per creare ombreggiature e accentuare l'anticatura.

6. Infine distribuite una mano di cera che, oltre a proteggere ulteriormente il mobile, lo renderà morbido al tatto.

Vetrinetta provenzale

Materiali

- vetrinetta restaurata
- decerante per mobili
- primer per mobili di Provenza
- colori acrilici rosso basco e giallo zafferano
- protettivo per mobili di Provenza
- patina anticante scura
- cera naturale colore quercia media

Attrezzature

- lana d'acciaio n. 000 e 00
- cotone da lucidatura
- panni di cotone morbidi
- pennelli piatti grandi e morbidi

Un mobile piccolo, ma che si fa notare: una vecchia vetrinetta restaurata e decorata con i classici colori provenzali, giallo e rosso, si trasforma in un portaoggetti da bagno di gusto shabby chic, perfetto su pareti trattate a calce e dipinte con le terre.

1. Rimuovete eventuali vecchi strati di cera e mordente con il decerante, stendendolo con l'aiuto della lana d'acciaio n. 000 e del cotone da lucidatura, poi applicate con un panno il primer per mobili di Provenza.

2. Con un pennello distribuite una mano di rosso basco; una volta asciutto, stendete una mano di giallo zafferano e, una volta asciutto anch'esso, create un effetto shabby, utilizzando la lana d'acciaio n. 00.

3. Distribuite sulla vetrinetta con un panno il protettivo per mobili di Provenza; una volta asciugato, passate con un altro panno pulito la patina anticante per creare delle ombreggiature.

4. Rifinite con la cera quercia media, distribuendola sul mobile con un panno pulito.

MEDIA

Baule finto tarlato

Materiali

- baule di legno vecchio
- cera neutra
- chiodini sottili senza testa (facoltativi)
- colori acrilici (avorio, rosa pesca, marrone, nero, azzurro polvere, verde chiaro e bordeaux)
- colla spray riposizionabile
- pigmento terra d'ombra bruciata
- vernice protettiva opaca (facoltativa)

Attrezzature

- guanti di lattice
- carta vetrata sottile
- panno morbido
- martello (facoltativo)
- pennello piatto
- spazzolino da denti
- mascherina stencil con fiocco e rose
- scotch di carta
- pennello da stencil o pennello spugna piccolo
- spugna abrasiva
- piatto di plastica

ALTA

Non vi è mai capitato, riordinando una soffitta o una cantina, di trovare un oggetto come questo? Spesso, però, si trova in pessime condizioni e non è possibile inserirlo nell'arredamento così com'è. Dunque, mano a pennelli e colori, e con qualche trucco lo trasformerete in uno splendido baule da collocare in qualsiasi ambiente della vostra casa!

1. Indossate i guanti e strofinate energicamente la carta vetrata sulla superficie, evitando di asportare completamente la cera presente. Qualora, invece, abbiate a disposizione un baule molto rovinato e consumato, dopo aver carteggiato passate un sottile strato di cera neutra sulla superficie, utilizzando un panno morbido. Questa operazione farà sì che il colore aderisca alla superficie, scrostandosi senza troppa difficoltà nei punti dove deciderete di usurarlo.

2. Con il martello e dei chiodini, riparate le parti di legno eventualmente staccate o poco stabili.

3. Procedete stendendo una mano di colore acrilico con il pennello piatto. Nel caso qui illustrato, abbiamo deciso di utilizzare le tinte avorio e pesca senza mescolarle in un piattino, ma intingendo alternativamente le setole del pennello nell'uno e nell'altro, per ottenere striature non uniformi. Abbiamo scelto di non schermare con lo scotch di carta le cerniere e i bordi in metallo, evitando di colorarli, ma sporcandoli appena col pennello per conferire loro una patina antica.

4. Ripassate la carta vetrata, insistendo su alcuni punti in modo da far staccare il colore e riportare alla luce lo scuro del fondo. Passate la carta vetrata anche sulle cerniere e sui bordi scuri per eliminare eccessive quantità di colore.

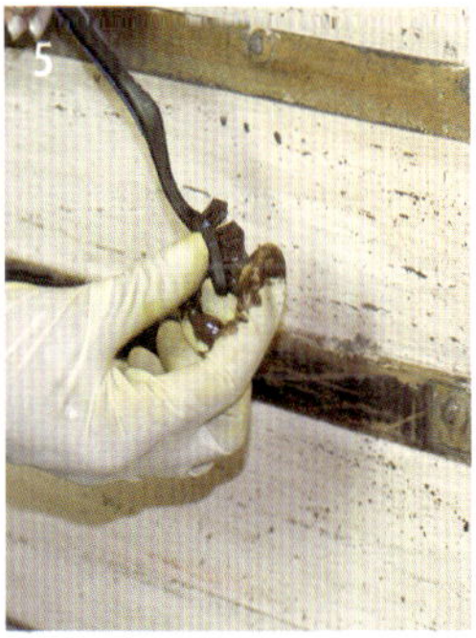

5. Preparate in un piatto di plastica un po' di colore acrilico marrone aggiungendo una punta di nero; diluiteli e intingetevi le setole di uno spazzolino da denti. Esercitando una certa pressione, passate il dito sulle setole in modo da far schizzare goccioline di colore verso la superficie del baule. Con questo sistema si imitano i buchini fatti dai tarli. Sempre con lo spazzolino intinto nel marrone e nel nero, strofinate le cerniere e i bordi scuri per renderli un po' striati e usurati.

6. Dopo averla spruzzata con la colla spray riposizionabile, appoggiate la mascherina stencil (si veda pag. 78) sulla zona da decorare. Proteggete le parti circostanti con lo scotch di carta.

7. Realizzate la decorazione stencil con l'azzurro polvere, il verde chiaro e il bordeaux, utilizzando il pennello da stencil o il pennello spugna. Usate una scarsissima quantità di colore, in modo da ottenere una decorazione leggermente sbiadita e tenue (a). Quando il colore si è essiccato, staccate la mascherina (b).

8. Strofinate leggermente in alcuni punti con la spugna abrasiva per far sembrare consumata la pittura.

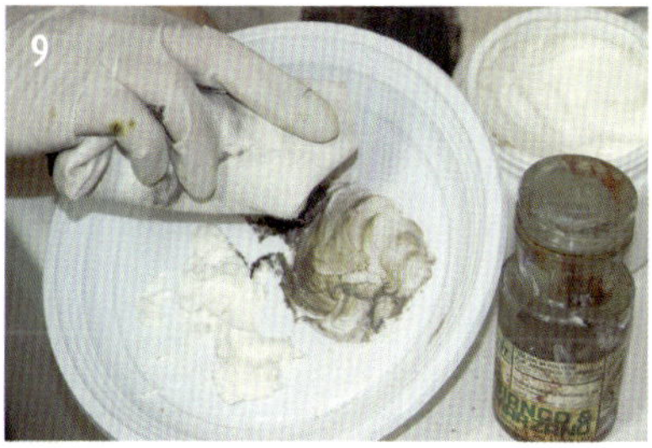

9. Nel piatto di plastica, preparate un miscuglio di cera neutra e pigmento. La quantità del pigmento dipende dal grado di scurimento che si vuole dare alla superficie, tenendo in considerazione il fatto che i pigmenti per lo più sono molto concentrati, e ne basta quindi una quantità minima.

10. Passate questa miscela con il panno morbido sulla superficie del baule. Una volta asciutta, la cera servirà anche da protezione.

11. Qualora voleste utilizzare il baule con frequenza o esporlo all'esterno, è consigliabile stendere una mano di vernice protettiva opaca su tutta la superficie.

Potete utilizzare il baule per riporvi tovaglie, lenzuola o i giocattoli dei piccoli.

Il cracklé

Il suo nome deriva dal francese *craquelure*, «screpolatura», ed è una delle tecniche di invecchiamento più conosciute: imita le crepe che si formano con il passare del tempo sulla superficie degli oggetti antichi dipinti.
La metodologia è semplice e si avvale, in genere, di due prodotti (Step 1 e Step 2) che, a contatto tra loro, reagiscono formando delle fessure. I due tipi di cracklé utilizzati in questo manuale sono il sottile e il classic: in commercio troverete gli Step 1 e 2 adatti per ottenere l'uno o l'altro effetto.

Sottile

L'utilizzo di due prodotti in diverse fasi permette di ottenere crepe sottili e allungate. Una volta asciutte, le crepe devono essere trattate con porporina scurente o dorata, oppure con pigmenti o con un colore a olio, per evidenziarle, dal momento che sono trasparenti.

- Col pennello piatto stendete lo Step 1 sulla superficie decorata e lasciate asciugare per circa 30 minuti.
- Applicate uno strato abbondante di Step 2 col pennello piatto. Dopo alcune ore (da 4 a 48 a seconda delle condizioni ambientali), si formeranno delle crepe sottili e trasparenti.
- Evidenziate le crepe passando col pennello spugna la porporina scurente.
- Rifinite il lavoro con la vernice protettiva spray lucida o opaca.

Classic

Con questo tipo di cracklé si ottiene una superficie decorata da crepe evidenti e larghe, realizzate grazie alla sovrapposizione di due colori acrilici e dei due prodotti specifici.

- Col pennello piatto stendete il primo colore acrilico e attendete che sia asciutto, ma non secco.
- Ricoprite con una mano di Step 1 e attendete che diventi trasparente.
- Colorate poi la superficie con un colore acrilico diverso dal precedente.
- Stendete una mano di Step 2 e lasciate asciugare.
- Nel giro di poco tempo (da mezz'ora a qualche ora, a seconda delle condizioni ambientali), lo strato formato dal secondo colore si romperà e lascerà intravedere il colore sottostante attraverso le crepe.

Per evidenziare le crepe

Si possono utilizzare svariati prodotti adatti a questo scopo. La porporina, per esempio, sia nella versione dorata sia in quella scurente, può essere stesa con un pennello spugna ed è particolarmente indicata per le crepe su fondi chiari.
La lacca scurente, che altro non è che bitume diluito, va invece applicata con un panno morbido: l'operazione deve però essere eseguita piuttosto rapidamente, perché questo prodotto tende a seccare in breve tempo.
Anche i colori a olio vanno stesi con il panno morbido: per un lavoro d'effetto, è bene scegliere una tonalità in contrasto con quella della superficie decorata.
Infine, si può utilizzare la cera neutra, addizionata con pigmenti, distesa con il panno morbido con movimenti circolari.

Tavolino con rose

Materiali

- tavolino restaurato
- sverniciatore decerante per mobili
- stucco per mobili
- colore terra di garance
- primer
- cracklé sottile
- colori acrilici beige e terra d'ombra
- carta per découpage con rose
- colla vinilica
- patina scurente
- gommalacca

Attrezzature

- pennello da sverniciatore
- lana d'acciaio n. 000
- cotone da lucidatura
- spatola
- pennelli piatti grandi e morbidi
- forbici, bacinella
- carta assorbente da cucina
- tamponcino
- panno di cotone morbido

ALTA

Romanticismo puro per il tavolino con decoro centrale di grandi fiori a découpage ed effetto cracklé.

1. Sverniciate il tavolino con lo sverniciatore decerante: stendetelo con il pennello apposito, quindi asportatelo con la lana d'acciaio e ripulite il mobile accuratamente con il cotone da lucidatura.

2. Dopo aver chiuso le fessure (si veda pag. 40), riparate le parti danneggiate con lo stucco, stendendolo con la spatola.

3. Applicate un fondo di terra di garance usando un pennello piatto, quindi stendete 2 mani di primer con un tempo minimo di intervallo di 20 minuti tra una e l'altra.

4. Stendete con un pennello piatto lo Step 1 del cracklé leggermente mescolato con acrilico beige e lasciate asciugare per 6 ore. Stendete poi una mano di Step 2 e fate asciugare finché non si formeranno le crepe.

5. Ritagliate le rose dalla carta per découpage, inumiditele qualche secondo nella bacinella con dell'acqua, tamponatele con carta assorbente e incollatele al centro del tavolino dopo averle spennellate di colla sopra e sotto.

6. Una volta asciutto, passate il terra d'ombra intinto nel tamponcino picchiettandolo.
Stendete la patina scurente con il panno e la gommalacca con un pennello piatto pulito.

Console ottocentesca

Materiali

- console restaurata
- sverniciatore decerante per mobili
- colore pastis
- colore acrilico verde oliva
- carta per découpage con stampe ottocentesche
- cracklé sottile
- colla vinilica
- patina di finitura per mobili dipinti

Attrezzature

- lana d'acciaio n. 000
- cotone da lucidatura
- pennelli piatti grandi e morbidi
- pennello da filettatura
- forbici
- bacinella
- carta assorbente da cucina
- panno di cotone morbido

MEDIA

Può rivivere in tutta la sua eleganza la console ovale, posizionata in ingresso oppure in salotto. Restaurata seguendo le nostre indicazioni e decorata con il cracklé, è perfetta per ambienti sia rustici sia raffinati.

1. Passate la console con lo sverniciatore decerante utilizzando la lana d'acciaio. Rimuovete poi il tutto con il cotone da lucidatura.

2. Utilizzando un pennello piatto, dipingete la base e le gambe con il colore pastis.

3. Tracciate poi con il pennello da filettatura le scalanature sul bordo del piano, utilizzando l'acrilico verde oliva.

4. Applicate con la tecnica del découpage (si vedano pagg. 70-71) i ritagli di carta recanti le stampe ottocentesche.

5. Stendete una mano di Step 1 del cracklé e fate asciugare per 30 minuti. Passate poi lo Step 2 e lasciate essiccare finché non compaiono le crepe.

6. Completate con la patina di finitura per mobili dipinti, stendendola uniformemente con il panno.

Mensole antichizzate

Materiali

- 2 mensoline di legno
- colori acrilici verde e avorio
- cracklé classic
- colla spray riposizionabile
- vernice opaca

Attrezzature

- pennelli piatti grande e piccolo
- mascherina stencil con ramo di foglie
- carta vetrata fine

MEDIA

Per rendere più interessanti queste piccole mensoline sagomate, trattate con una finitura cracklé, si è intervenuti con una successiva decorazione stencil: semplici esempi di un meraviglioso effetto che si può ottenere anche su mobili di maggiori dimensioni.

1. Assicuratevi che il legno delle mensoline sia privo di polvere, poi con un pennello piatto grande stendete una o più mani di acrilico verde.

2. Quando il colore è perfettamente asciutto al tatto, stendete su una mensolina, con un pennello piatto grande, uno strato uniforme di Step 1 per cracklé. Attendete l'asciugatura (30 minuti circa).

3. Date una mano di acrilico avorio su tutta la superficie della mensolina.

4. Ad asciugatura ultimata date una mano uniforme e abbondante di Step 2.
Dopo un'ora il secondo colore comincerà a fessurarsi e lascerà intravedere il colore sottostante.

5. Spruzzate sul retro della mascherina la colla spray riposizionabile, applicatela sulla mensolina e, con il pennello piatto piccolo (o con uno da stencil), stendete il verde. Utilizzate pochissimo colore per volta, non diluito, e applicatelo con movimenti rotatori o di picchiettatura, per evitare che fuoriesca dai contorni. Staccate poi la mascherina con molta delicatezza.

6. Attendete che il colore dello stencil sia essiccato, poi passate leggermente la carta vetrata sui decori perché assumano un aspetto più "rovinato".

7. Procedete alla stessa maniera per realizzare la seconda mensolina. Se desiderate, potete scambiare i colori, utilizzando il verde come base e l'avorio per il disegno.

8. Passate la vernice opaca su tutta la superficie.

Fiori e frutta

Lo stencil si presta a svariate decorazioni: la scelta del soggetto dipende solo dal vostro gusto. In base a dove volete sistemare le mensoline decorate, potete cambiare i disegni. Un esempio è questo bel ramo di fiori con una delicata melagrana, adatta anche a una cucina country. Scegliete i colori che più si addicono alla vostra casa.

Il découpage

La tecnica del découpage nasce dall'usanza di decorare oggetti vari incollandovi ritagli di carta. Talvolta alla metodologia di base si affiancano anche altre tecniche decorative, dallo stencil al cracklé alla pittura, così da ottenere effetti ancor più sorprendenti. Data la grande varietà dei soggetti, dei tipi di carte, dei tagli e delle basi su cui applicare la decorazione, si possono ottenere veramente soluzioni infinite. Essenziale è, ovviamente, conoscere le metodologie e i prodotti più indicati per realizzarlo, in modo da avere sempre garantiti i migliori risultati.

■ Per quanto riguarda carte e rivestimenti, ricordiamo che in commercio esistono anche ritagli già pronti, appositamente realizzati per il découpage.

Oltre a immagini su carta, potete ritagliare anche fotografie o fotocopie: il risultato è singolare e molto affascinante. Solitamente è bene inumidire per qualche istante le carte e tamponarle con carta assorbente da cucina; naturalmente questa operazione non va effettuata con tovaglioli, carte delicate o inchiostri che si sciolgono a contatto con l'acqua.

■ Per il taglio potete utilizzare delle forbici o un taglierino, che dovranno essere appuntiti e di precisione, in quanto il taglio è sicuramente uno dei momenti più delicati del découpage.

■ Vi occorreranno anche colle specifiche, eventuali colori e pigmenti, patine e lacche per completare le decorazioni.

■ Una delle caratteristiche fondamentali del découpage è la composizione dei ritagli, in quanto un'immagine posizionata in un modo o in un altro cambia, e di molto, l'aspetto finale dell'oggetto. Perciò è fondamentale eseguire alcune prove prima di procedere all'incollaggio, valutando anche l'equilibrio tra spazi pieni e vuoti. Vi consigliamo di prendere i ritagli e di posizionarli sull'oggetto creando varie composizioni. Quando avrete scelto quella che più vi piace, segnate con una matita i punti di riferimento.

■ Durante l'applicazione dei ritagli è possibile che si formino delle bolle. Per evitare la loro comparsa bisogna lisciare con cura il ritaglio partendo dal centro, pressando bene con le mani verso l'esterno.

Se, malgrado le vostre precauzioni, si creano comunque delle piccole bolle, vi basterà utilizzare uno spillo o un ago dalla punta molto sottile e forare leggermente la carta in corrispondenza della bolla. Premete poi delicatamente e fate fuoriuscire l'aria, passando le dita sul ritaglio. Il foro provocato dallo spillo risulterà impercettibile; sarà poi sufficiente passare un po' di colla per découpage sul decoro e il difetto scomparirà.

■ Nel caso abbiate deciso di decorare mobili con superfici irregolari, come intagli, parti in rilievo o forme concave, dovrete fare in modo che la carta si adatti all'oggetto che desiderate ricoprire. L'importante, in questi casi, è evitare la formazione di grinze e pieghe, impossibili poi da rimuovere.

Per non sbagliare, fate sempre prima delle prove. Qualora, per esempio, desideriate decorare a découpage una cornice lavorata, ricoprendo anche le parti in rilievo, appoggiate prima sopra il foglio di carta e controllate le misure.

Ritagliate poi il decoro e praticate piccoli tagli in prossimità delle sporgenze, adattando la carta alla forma dell'oggetto. Stendete poi con un pennello la colla, appoggiatevi la carta e sovrapponete le parti tagliate. Lisciate bene senza creare grinze.

Sedia con girasole

Materiali

- sedia restaurata
- sverniciatore decerante per mobili
- colori acrilici verde, beige, terracotta e bianco
- carta per découpage con girasoli
- colla vinilica
- vernice

Attrezzature

- lana d'acciaio n. 000
- cotone da lucidatura
- pennelli piatti grandi e morbidi
- forbici
- bacinella
- carta assorbente da cucina

MEDIA

Avete trovato in soffitta una vecchia sedia da cucina degli anni Cinquanta? Ecco un modo eccellente per rinnovarla: dipingetela con un bel colore acceso e poi decoratela con un grosso girasole realizzato a découpage. Sarà perfetta anche da collocare in terrazzo.

1. Passate la sedia in modo uniforme con lo sverniciatore decerante utilizzando la lana d'acciaio e quindi ripulitela strofinando la superficie trattata con l'apposito cotone da lucidatura.

2. Dipingete la sedia con il colore verde impiegando allo scopo un pennello piatto pulito, poi schiarite la parte centrale con il beige e il bianco, creando così delle sfumature.

3. Ritagliate la figura di un girasole, inumiditela leggermente nella bacinella con dell'acqua, tamponatela con carta assorbente e quindi incollatela al centro della seduta, dopo averla spennellata accuratamente di colla impiegando un pennello piatto perfettamente pulito.

4. Una volta asciutto il decoro, passate la vernice (spray o liquida in base alle vostre preferenze).

Sunflowers...

Cassetto con rose

Materiali
- cassetto restaurato
- carta opaca per copertura cassetti
- colla vinilica
- carta per découpage con rose
- profumo per ambienti alla lavanda

Attrezzature
- metro
- righello
- forbici
- pennello piatto medio
- taglierino
- bacinella
- carta assorbente da cucina

BASSA

Un vecchio mobile con cassetti decorato da romantiche rose, ma con un tocco in più: l'interno dei cassetti viene infatti profumato con l'essenza di lavanda.

1. Prendete le misure della larghezza interna dei lati del cassetto, quindi tagliate 2 rettangoli di carta da incollare sui 2 lati dei fianchi del cassetto: la misura deve risultare leggermente più lunga.

2. Prendete la misura del fondo e dei 2 lati frontale e posteriore del cassetto, quindi tagliate un altro rettangolo.

3. Stendete con il pennello una mano di colla vinilica diluita in acqua (3 parti di colla e 2 di acqua) su tutta la superficie interna del cassetto. Posizionate i 2 ritagli di carta, che copriranno le parti laterali appoggiando un'aletta di carta sul fondo. Sistemate poi il rettangolo lungo sul lato frontale, il fondo del cassetto e il lato interno posteriore.

4. Lasciate asciugare la colla e poi rifilate le eventuali eccedenze di carta con il taglierino. Una volta ricoperto il cassetto, profumate la carta con la lavanda, che ha anche una funzione antitarme.

5. Ritagliate le rose dalla carta per découpage, inumiditele nella bacinella, tamponatele con carta assorbente e incollatele sulla parte frontale del cassetto (se necessario togliete prima il pomello), dopo averla spennellata accuratamente di colla con un pennello piatto pulito.

Portacandele in stile russo

Materiali

- portacandele tornito di legno grezzo
- tovaglioli di carta con fiorellini
- colla per découpage
- vernice lucida
- colore acrilico dorato

Attrezzature

- forbici
- pennello piatto piccolo

MEDIA

Anche gli elementi d'arredo possono essere resi unici con la tecnica del découpage: in questo caso dei portacandele di legno sembrano oggetti di artigianato russo. Con i tovaglioli di carta dai disegni piccoli e ripetuti si possono creare effetti straordinari.

1. Ritagliate dai tovaglioli delle strisce con i decori. Praticate in una delle estremità lunghe una serie di taglietti: serviranno per far aderire il decoro alla parte circolare del portacandele.

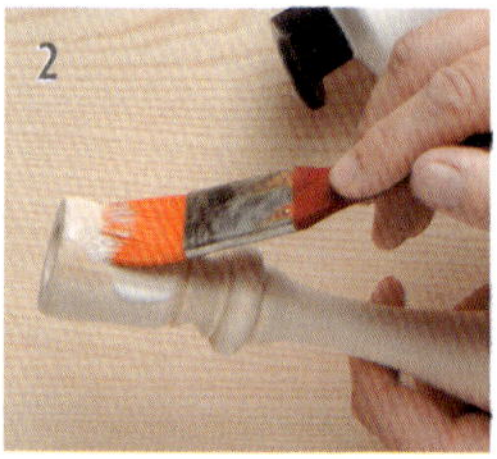

2. Con l'aiuto del pennello piatto stendete la colla sulla superficie del portacandele, procedendo per gradi.

3. Posizionate il ritaglio sul legno facendolo aderire con una leggera pressione. Incollate le parti in prossimità delle scanalature e spennellatevi sopra la colla. Procedete con strisce di pochi centrimetri per volta, fino a ricoprire tutto il portacandele.

4. Lasciate asciugare e poi rifinite con una o due mani di vernice. Una volta asciutta, dipingete delle strisce con l'acrilico dorato attorno ad alcune scanalature del portacandele.

DAISAKU IKEDA
Manuela

Lo stencil

È una tecnica che permette di dipingere su tutte le superfici, anche senza saper disegnare: con lo stencil è possibile riprodurre uno stesso soggetto infinite volte, ottenendo molteplici sfumature e variazioni di colore. Con questo sistema potrete personalizzare e rinnovare mobili e complementi d'arredo con risultati di sicuro effetto.

Mascherine

Sono gli strumenti che permettono di riprodurre il motivo prescelto creando infinite decorazioni. In commercio esistono diversi tipi di mascherine, ma le più comuni sono sicuramente quelle in acetato, che presentano una definizione perfetta dei particolari. Si tratta di fogli trasparenti con una serie di finestre che definiscono un decoro; i soggetti in commercio sono numerosissimi e vanno dal disegno singolo al motivo texture, che può essere ripetuto per ottenere cornici continue.

Pennelli

La distribuzione del colore nello stencil è realizzata per mezzo di appositi pennelli, di setole dure, cilindrici e con l'estremità piatta; ne esistono di diverse dimensioni, da scegliere in base alla grandezza della mascherina con cui si lavora. Il colore deve essere steso con movimenti circolari, tenendo il pennello in verticale rispetto al piano di lavoro, oppure picchiettando la superficie per ottenere un effetto più vivace e mosso. Per una buona conservazione dei pennelli è essenziale pulirli accuratamente dopo ogni utilizzo, lasciandoli in immersione in un contenitore in modo che non tocchino il fondo (si veda anche pag. 89).

Colori

Per le superfici in legno sono particolarmente indicati i colori acrilici, a base d'acqua: asciugano rapidamente, non ingialliscono e possono essere facilmente miscelati tra loro in modo da ottenere qualsiasi sfumatura. Si trovano in commercio in moltissime tonalità, tra le quali le tinte pastello e quelle metallizzate. Devono essere utilizzati puri, senza aggiungere acqua; prima di iniziare il lavoro è opportuno disporre le tinte che si intendono utilizzare su un piatto o su una tavolozza.

IL PROCEDIMENTO

- Se necessario, preparate prima il supporto: passate un foglio di carta vetrata a grana molto fine sul legno, in modo da levigarne la superficie.

- Fissate la mascherina sul supporto da decorare utilizzando nastro adesivo di carta o colla spray riposizionabile.

- Prelevate una piccola quantità di colore ed eliminate quello in eccesso strofinando il pennello su carta assorbente da cucina o su un panno di cotone (il pennello deve essere utilizzato quando sembra quasi asciutto).

- Distribuite il colore all'interno delle finestre della mascherina, tenendo il pennello in verticale rispetto al piano e facendolo roteare senza schiacciare troppo le setole. Quando il colore sarà asciutto, staccate con delicatezza la mascherina e ponetela sul nuovo punto da decorare. Se avete usato la colla riposizionabile potrete applicare la mascherina più volte prima di utilizzare di nuovo la colla.

Sedia country

Materiali

- sedia restaurata
- sverniciatore decerante per mobili
- mordente color noce chiaro
- mascherine stencil
- colla spray riposizionabile
- paste colorate per stencil di varie tonalità
- vernice

Attrezzature

- lana d'acciaio n. 000
- cotone da lucidatura
- panno di cotone morbido
- spatola

MEDIA

La sedia è di certo tra gli oggetti d'arredo più interessanti da recuperare. Dopo averla sistemata ricorrendo ai trattamenti necessari, decoratela con tenui motivi a stencil, che la renderanno perfetta per la casa di campagna o per un arredamento country anche in città.

1. Passate tutta la sedia con lo sverniciatore decerante utilizzando la lana d'acciaio, poi ripulitela con il cotone da lucidatura.

2. Stendete quindi il mordente noce chiaro con il panno e, una volta asciutto, dedicatevi ai decori stencil sulle stecche e sullo schienale.

3. Fissate le mascherine con la colla spray sulle parti da decorare e stendete le paste colorate con la spatola. Attendete la completa asciugatura, rimuovete le mascherine e infine applicate la vernice (spray o liquida in base alle vostre preferenze).

Le mascherine fai da te

Quando avrete acquisito una certa esperienza nella tecnica dello stencil, potrete cominciare a creare le mascherine con le vostre mani. Scegliete un motivo creato da voi o copiato, semplificatelo individuandone solo le forme essenziali, che diventeranno le finestre, e trasferitelo su carta Manila (uno speciale cartoncino impermeabile) con la carta copiativa. A questo punto, con un taglierino affilato, intagliate accuratamente i contorni del disegno.

BUONGIORNO

Specchio acidato

Materiali

- pasta acidante per vetro
- gel da doratura

Attrezzature

- alcol
- stencil adesivo per amidatura del vetro
- guanti di gomma
- pennellino vecchio
- spugna morbida

Uno specchio un po' anonimo, una volta restaurato, può trasformarsi in un pezzo davvero interessante. Grazie alla tecnica dell'acidatura, si possono riportare, con un semplice stencil, disegni e motivi che ne cambiano l'aspetto.

1. Dopo aver eseguito le operazioni necessarie per la pulitura dello specchio (si vedano pagg. 42-43), passatelo accuratamente con l'alcol per togliere qualsiasi residuo di polvere e grasso.

2. Dopo aver fatto delle prove di posizionamento, applicate lo stencil adesivo per amidatura.

3. Indossando i guanti di gomma, con il pennellino vecchio (è meglio non sia nuovo, perché a contatto con la pasta si danneggia) stendete la pasta acidante all'interno degli spazi vuoti della mascherina e attendete circa un quarto d'ora.

4. Asportate la pasta con la spugna umida e rimuovete la mascherina stencil.

5. Pulite di nuovo lo specchio con l'alcol e asciugatelo. Stendete infine una mano di gel per doratura sulla cornice.

BASSA

Fantasie damascate

Materiali
- mobile di recupero
- paralume
- colla spray riposizionabile
- colori acrilici

Attrezzature
- mascherina di acetato con motivo damasco di varie dimensioni
- metro
- pennelli da stencil
- piatto
- carta assorbente da cucina

ALTA

Il damasco sa ricreare atmosfere lontane e impreziosire qualsiasi ambiente: nel nostro progetto, i motivi presenti sulle ante del mobile vengono ripresi all'infinito sulle pareti e sulla lampada, arredando tutta la stanza.

Una volta scelto il disegno da riprodurre, è stato necessario modificarlo con le opportune semplificazioni e le realizzazioni di ponti di separazione tra una finestra e l'altra. Il disegno dello stencil è stato fotocopiato in diverse grandezze per adattarlo alle misure dei vari oggetti.

Le mascherine sono state realizzate intagliando un foglio di acetato, che grazie alla sua trasparenza ha reso più facile l'operazione di ricalco del disegno. Inoltre sono stati segnati, con una linea tratteggiata, alcuni riferimenti utili per il corretto posizionamento della mascherina sulla parete. In questo modo, infatti, sarà sufficiente sovrapporre la mascherina facendo corrispondere le linee tratteggiate al decoro già realizzato per ottenere un disegno ripartito in maniera uniforme.

Prima di eseguire la decorazione sul mobile di recupero è stato necessario stendere una base di fondo e una di bianco.

Per la realizzazione della lampada e della credenza è stata intagliata una mascherina di acetato utilizzando il motivo leggermente ridotto.

La credenza

Per la decorazione di mobili e oggetti serve una mascherina con un disegno di dimensioni minori rispetto a quelle del motivo riproposto sulle pareti. Tenendo conto di questo e delle misure del mobile da decorare, ricalcate il motivo damascato a fianco su carta da lucido e ingranditelo fino a raggiungere la dimensione desiderata. Sovrapponete al disegno ingrandito un foglio di acetato, riportate i contorni e intagliatelo con un taglierino affilato. Segnate il centro di ciascuna anta prima di procedere alla colorazione.
Per ottenere un effetto coordinato, ma non ripetitivo, basterà riprodurre solamente il motivo principale o sbizzarrirsi con una decorazione più fantasiosa.

Le pareti

La particolarità di questa decorazione è quella di proporre uno stesso soggetto ripetuto all'infinito su tutta la parete. Prima di procedere, dovrete misurare la parete con un metro e calcolare il punto esatto in cui realizzare il primo motivo: è consigliabile centrarlo sulla parete e proseguire poi verso gli angoli.
Per realizzare lo stencil con il motivo damascato create una mascherina di acetato con un disegno di dimensioni piuttosto grandi.
Se desiderate decorare tutta la stanza, dovrete individuarne la parete principale, segnare la mezzeria e partire da questa: iniziando dal punto centrale di ciascuna parete, infatti, correreste il rischio che negli angoli il motivo non coincida.

Seguendo lo stesso procedimento, potete ripetere il motivo damascato anche su paralumi e altri oggetti d'arredo.

Un armonioso disegno composto dall'insieme di motivi floreali, geometrici e di fantasia, ispirati agli eleganti tessuti damascati, diventa un'originale idea per uno stencil di grande effetto decorativo, che potrete utilizzare in qualsiasi ambiente della vostra casa.

Una volta realizzata la mascherina con il motivo prescelto, basterà procedere alla decorazione.
Lo stencil verrà via via posizionato sovrapponendo le parti tratteggiate al disegno impresso sulla parete.

La pittura su legno

Potete rinnovare un vecchio mobile anche dipingendo direttamente sulle superfici i motivi e i decori che vi suggerisce la vostra fantasia, oppure creando effetti a imitazione di materiali diversi dal legno. Per iniziare vi serviranno solo colori, pennelli e pochi altri materiali.
L'unica accortezza è progettare con cura il lavoro prima di inziare: pensate a che tipo di decoro desiderate realizzare, se preferite decorare solo alcune parti oppure l'intero mobile e, soprattutto, fate attenzione alla scelta dei colori: le tonalità del vostro disegno dovranno essere in armonia non solo con quelle del legno del mobile, ma anche con il contesto nel quale intendete posizionarlo una volta decorato.

Colori

Per dipingere i mobili sono particolarmente indicati i colori acrilici, molto facili da utilizzare anche per i principianti (si veda pag. 79).
In alternativa, potete usare i pigmenti, particolarmente adatti per creare velature e per imitare i materiali. Sono polveri colorate, di origine naturale o di sintesi, che devono essere mescolate a un legante, il medium per pigmenti. Il medium può essere di colore bianco, per ottenere tinte coprenti, adatte agli sfondi, o trasparente, per tonalità più delicate e leggere.

Pennelli

In commercio se ne trovano di svariate forme e misure: è importante utilizzare quelli più adatti per il tipo di lavoro che si vuole fare.

Pennelli piatti: ideali per stendere colle, vernici, primer, per colorare il legno con gli impregnanti scurenti e per creare sfondi uniformi.

Pennelli a goccia: dalla punta fine, sono indispensabili per ritoccare, per dipingere i dettagli, per realizzare righe sottili e per scrivere.

Pennelli a ventaglio: le loro setole si allargano dalla base verso l'esterno. Indicati per ottenere particolari effetti pittorici, come imitare le venature del marmo, ma anche sfondi.

Pennelli a scalpello: grazie alle setole tagliate in diagonale permettono di realizzare linee e di dipingere nastri decorativi.

Pennelli spugna: utili per creare fondi spugnati, anche a più colori, per velare sfondi già colorati, per rifinire bordi con colori contrastanti. Al termine del lavoro ricordatevi di pulire bene i pennelli, sciacquandoli e strofinandoli su un panetto di sapone naturale, seguendo sempre la direzione del pelo. Insistete in particolare sul bordo della ghiera, dove il colore tende ad accumularsi e, con il tempo, a far allargare le setole, facendo perdere ai pennelli la forma originale. Infine asciugateli e modellateli con le dita, utilizzando un po' di sapone. Fateli poi asciugare di nuovo su un panno e, una volta asciutti, sistemateli in modo che le setole non appoggino sul fondo del contenitore.

Olio di lino

Si usa per trattare il legno ma può anche essere addizionato ai colori acrilici, che rende più corposi e dei quali allunga i tempi di asciugatura. L'emulsione ottenuta ha caratteristiche simili a quelle dei colori a olio.

Primer

È un prodotto aggrappante (serve, cioè, come base per far aderire il colore), trasparente o bianco, da stendere con un pennello piatto sulla superficie da decorare.

Spugne

Sono un ottimo strumento con cui stendere i colori se si desidera ottenere un effetto macchiato e poco uniforme. Sono spesso utilizzate per gli sfondi, anche a più colori. Le migliori sono quelle di mare che, per la loro caratteristica irregolarità, permettono di ottenere i risultati più soddisfacenti.

Tavolo e sedia con finti intarsi

Materiali

- tavolo e sedia di legno
- primer
- colori acrilici (nero, verde scuro, bianco, giallo, avorio e terra)
- olio di lino
- lacca anticante
- vernice finale lucida all'acqua
- cera neutra

Attrezzature

- pennelli piatti piccolo, medio e grande
- righello
- matita
- 2 panni
- scotch di carta
- spugna di mare
- piuma o pennello a ventaglio
- pennello a goccia piccolo
- pennello a scalpello
- pennello spugna grande

ALTA

Ci siamo divertiti a trasformare un tavolo e una sedia dalla forma particolare in un insieme colorato e di sicuro effetto.

Il tavolo

1. Per prima cosa, con il pennello piatto grande stendete una mano di primer sull'intera superficie.

2. Fate asciugare perfettamente e, con l'aiuto del righello e della matita, disegnate un rettangolo più piccolo all'interno del piano. Delimitatene i contorni con lo scotch di carta.

3. Passate una mano di acrilico avorio fuori dal riquadro, e nero all'interno del riquadro. Quando sarà asciutto, ungete con un panno intriso di olio di lino.

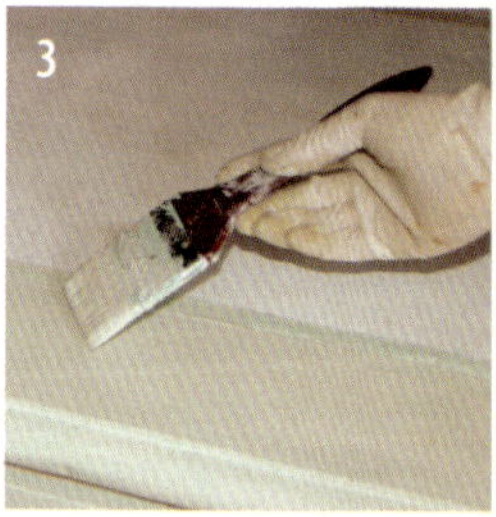

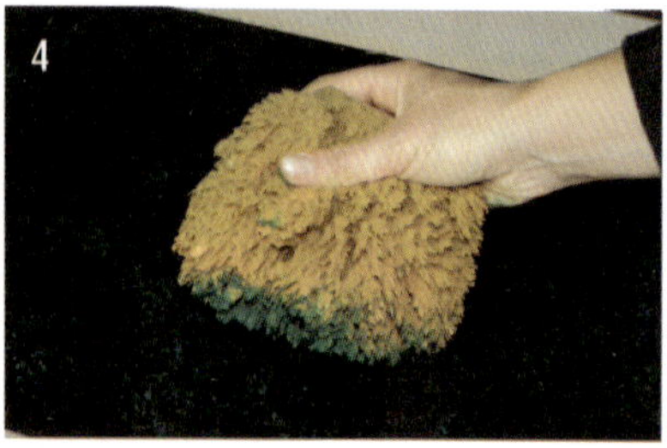

4. Passate con la spugna il colore acrilico verde scuro.

5. Con la piuma – o il pennello a ventaglio – intinti nel bianco realizzate alcune venature dalla forma irregolare, possibilmente in diagonale, senza incrociarle l'una con l'altra.

6. Tamponate con la spugna umida, fondendo il verde scuro con il bianco delle venature per dare più luce. Togliete lo scotch di carta e create un bordino di circa 1,5 cm intorno al finto marmo scuro, che colorerete con il pennello piatto piccolo intinto nel bianco.

7. Passate il pennello a goccia intinto in olio di lino miscelato con pochissimo nero sul bordino bianco per scurirlo e invecchiarlo. Con il righello e la matita disegnate sulla superficie in finto marmo un rettangolo più piccolo e un rombo al suo interno. Mascherate i bordi del rettangolo e tutta la superficie del rombo con lo scotch.

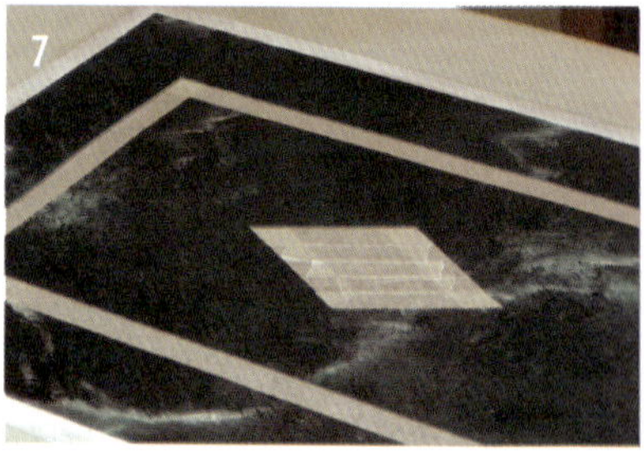

8. Stendete una base di primer, mescolato con un po' di acrilico giallo, sulla superficie delimitata dai bordi interni del rettangolo e dal rombo, creando zone più chiare e altre più scure. Quando la superficie sarà asciutta, ungetela con un panno intriso di olio di lino.

9. Con il pennello a scalpello tenuto perpendicolarmente e procedendo con un tratto tremolante, realizzate delle venature color terra.

10. Sfumate il colore con il pennello spugna. Passate una mano di lacca anticante sul marmo giallo per creare una patina sfumata, poi togliete lo scotch di carta dai bordi e dal rombo.

11. Distribuite con il pennello piatto grande pulito la vernice lucida sul marmo nero.

12. Passate sul bordo del tavolo e sulle gambe un panno intriso nella cera mescolata a una punta di acrilico giallo o terra, per dare al tutto un aspetto vissuto.

La sedia

1. Con il pennello piatto grande, passate sulla sedia una mano di primer e lasciate asciugare bene. Date poi una mano di colore acrilico giallo chiaro.

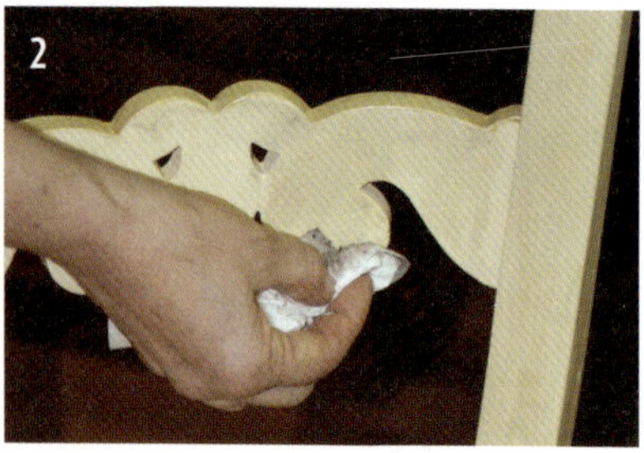

2. Tamponate la superficie con un panno imbevuto di olio di lino a cui avete aggiunto una punta di acrilico nero.

3. Con il pennello piatto medio stendete la lacca anticante.

4. Passate poi lo straccio intinto nella cera mescolata a una punta di giallo.

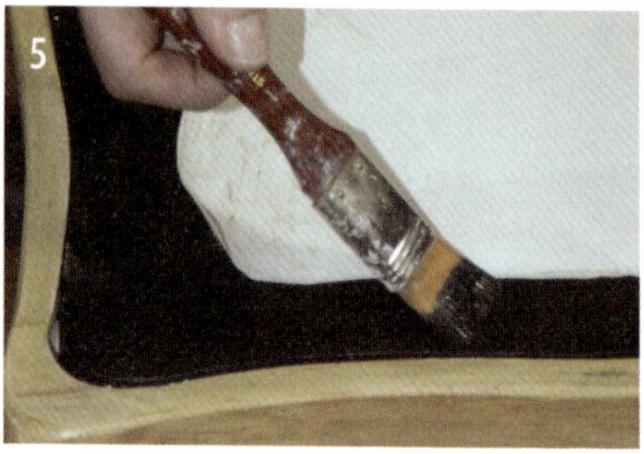

5. Con una matita disegnate la forma della seduta su un foglio e fatene una fotocopia rimpicciolita; ritagliatela, appoggiatela sulla seduta e con il pennello piatto medio pulito dipingete i contorni di nero.

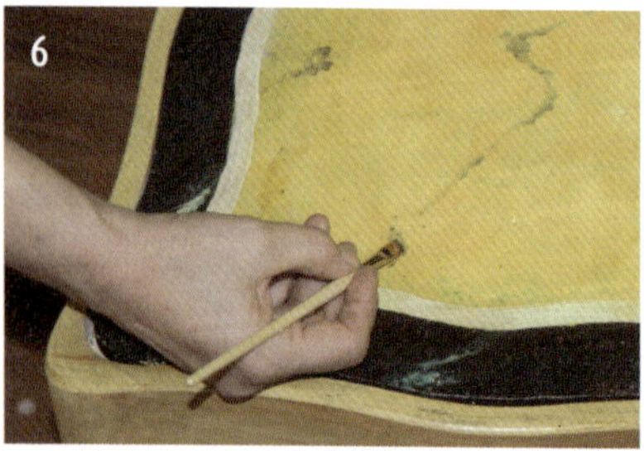

6. Dipingete i due marmi con la stessa tecnica del tavolo tracciando poi un bordo bianco (basta seguire con un pennello piatto il contorno del marmo giallo).

7. Distribuite la lacca anticante sul marmo giallo e la finitura lucida su quello nero.

Indice